# 豪商たちがつくった幕末・維新

福田智弘

彩図社

# はじめに

新しい日本の夜明けを求めて、坂本龍馬や高杉晋作ら多くの志士たちが命を賭して戦った幕末・維新の時代は、現代でもＴＶドラマなどにもなり関連本も盛んに出版されるなど、人気の高い時代である。

しかしながら、幕末という激動期を生き抜き、明治維新という大事業を成し遂げることができたのは、なにも志士たち武士階級の力ばかりによるものではなかった。

特に「豪商」と呼ばれる商人たちの中には、武士顔負けの行動力で、尊王攘夷等の活動に従事、あるいはそれらの活動を支援していった者たちがいる。また、時代の荒波にもまれながら、本業を通して時代の変革に関わっていった者たちもいる。彼らのような庶民階級の活躍があったからこそ、新しい時代がめぐり来たのだといってもよいだろう。そしてまた、彼らの活躍を知ることなくして、幕末・維新の真の姿を知ることはできないといっても過言ではないのだ。

そこで本書では、幕末・維新の時代において重要な意味を持つ20の事件、団体等を取り上げ、その事件、団体等にかかわってきた20人の豪商たちの生き様を順次紹介していくこととした。

「豪商」と一言でいっても、その出自等はさまざまである。貧しい家に生まれながら一代で財を築いた者もいる。大商家の跡取りとして生まれ、激動の時代に絶妙な手綱（たづな）さばきを見せた者もいる。武士として生まれ、商人として生きた者もいれば、商人として生まれ、武士として最期を迎えた者もいる。そのさまざまな生き様は、それぞれに現代人に大きな感動を与えることであろう。


また、本書では原則、時系列に項目を並べ、冒頭部で幕末・維新の重要事件や団体について解説してある。単に概略だけでなく、事件が起こったきっかけからその後の影響などもまとめてあるので、幕末・維新の時代に詳しくないという方でも無理なく時代の流れをつかんでいただけることだろう。

そして、その後に当該事件、団体等に深い関わりを持った豪商たちの生涯を追うことで、「幕末・維新の時代の流れ」と「豪商たちの熱き生き様」の両方を味わっていただける形になっているのだ。

新しい視点から見た幕末・維新のドラマを、とくとご堪能あれ。

豪商たちがつくった幕末・維新　目次

はじめに……2

第一章　開国に揺れる日本を商人たちはどう生きたか？

01 【鎖国の時代にロシアとわたりあった男】
異国船の接近と高田屋嘉兵衛……10

02 【開国を訴えた豪商の海外雄飛の夢】
黒船来航と濱口梧陵……20

03 【被災にも打ち勝った松坂屋の商魂】
安政の大地震と13代伊藤次郎左衛門祐良……30

04
【開国後の混乱を乗り越えた手法とは？】
開国と5代嘉納治兵衛尚正……38

05
【捕えられていた勤王商人】
安政の大獄と近藤茂左衛門弘方……47

## 第二章　尊王攘夷の時代を駆け抜けた商人たち

06
【義に生き奇兵隊に入隊した商人】
攘夷の旗手・長州藩と白石正一郎……56

07
【会津の山本覚馬と取引した異国人】
佐幕派の雄・会津藩とカール・レイマン……64

08
【天下の大豪商は新撰組のスポンサーだった！】
新撰組と10代鴻池善右衛門幸富……73

09 【薩摩藩を支えた海上王】公武合体派薩摩藩と8代濱崎太平次……81

10 【人知れず尊王の道を歩んだ男】八月十八日の政変と北風正造……89


## 第三章 長州受難から大政奉還までを生きた豪商たち


11 【尊王攘夷派を支援した京の材木商】禁門の変と福田理兵衛……98

12 【焼け跡から京の町を救った高島屋創業者の秘策とは】どんどん焼けと飯田新七……106

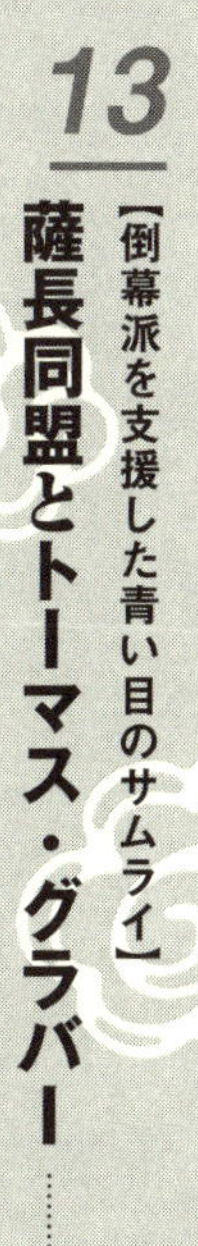

13 【倒幕派を支援した青い目のサムライ】薩長同盟とトーマス・グラバー …… 115

14 【決死の馬関行きを試みた商人】第二次長州征伐と初代伊藤忠兵衛 …… 124

15 【江戸時代に終止符を打った土佐藩の男たち】大政奉還と岩崎弥太郎 …… 132

## 第四章 明治の代を華麗に生きた豪商たち

16 【新政府と旧幕府の争いに関わった三井の大番頭】鳥羽伏見の戦いと三野村利左衛門 …… 142

17 【機先を制して財閥を築いた男】戊辰戦争と大倉喜八郎 …… 151

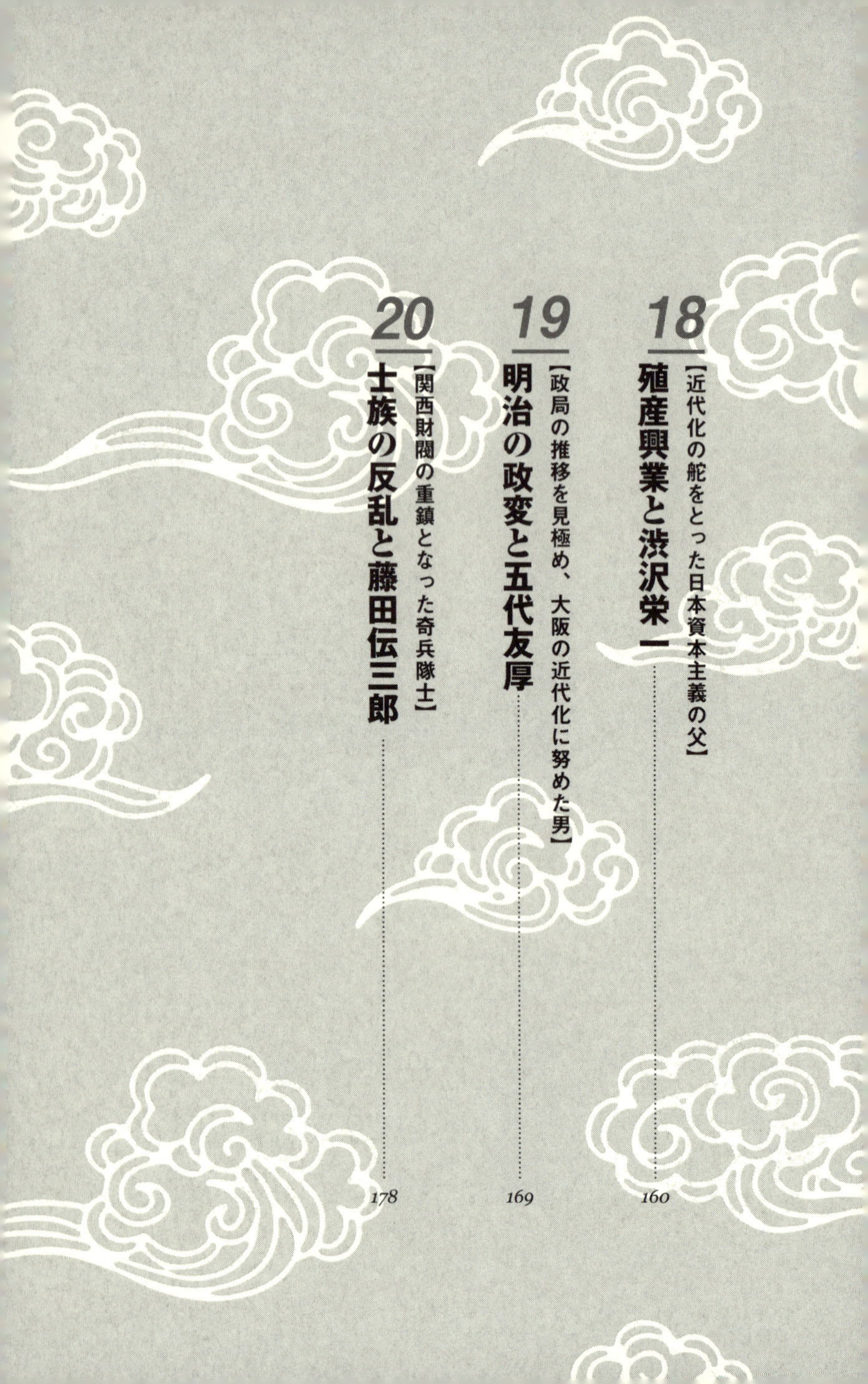
18
【近代化の舵をとった日本資本主義の父】
殖産興業と渋沢栄一……160

19
【政局の推移を見極め、大阪の近代化に努めた男】
明治の政変と五代友厚……169

20
【関西財閥の重鎮となった奇兵隊士】
士族の反乱と藤田伝三郎……178

# 第一章

# 開国に揺れる日本を商人たちはどう生きたか？

01

# 【鎖国の時代にロシアとわたりあった男】異国船の接近と高田屋嘉兵衛

## ペリー来航以前からあった外圧

「春暮れてのち夏になり、夏果てて秋の来るにはあらず※」という言葉がある。一つの季節が終わってから次の季節がはじまるのではなく、その前から少しずつ次の兆しが表れはじめるものなのだ、といった意味になる。めぐり来る季節がそうであるように、「時代」というものも、新しい時代がはじまる前にその萌芽が何らかの形で表れてくるものである。

「幕末」と呼ばれる江戸時代最末期もそうであった。一般には、ペリー率いる黒船の来航から一気に時代が動き出し江戸時代は崩壊へと向かった、といわれているが、それ以前から、崩壊への序曲ははじまっていたのである。

たとえば、諸外国からの圧力がある。実はペリー来航の半世紀以上も前から、幕府は欧米列強の非公式の来航に悩まされ続けていた。著名なところでは1792（寛政4）年、

※出典：吉田兼好著『徒然草』第155段。読解の便宜を図るため、一部漢字、句読点等をあらためている。

ロシア使節ラクスマンが根室に、1804（文化元）年には同じくロシア使節レザノフが長崎に来航し、通商を要求している。1808（文化5）年には、長崎にイギリス軍艦フェートン号※が侵入。薪水や食料を強奪して退去するという事件が起きている。このようにペリー来航以前から、日本は時に荒っぽい諸外国からの圧力を受けており、幕府は海防強化等の対策を採らざるを得ない状況に追い込まれていた。

本項の舞台となる蝦夷地（現在の北海道）も同様であった。ラクスマン来航後も、1796（寛政8）年にイギリスのブロートンが海図作成のために室蘭に来航するという事件も起きていた。幕府は、こういった外国船の接近を受け、蝦夷地の調査と管理を強化すべく動き出した。幕臣・近藤重蔵※らが蝦夷地の調査を行い、択捉島に「大日本恵登呂府」の標柱を設置。さらに、1807（文化4）年には蝦夷地を直轄地とするなど管理を強化していた。しかし、異国船来航がなくなる気配はなかったのである。

このような異国からの圧力に堂々と立

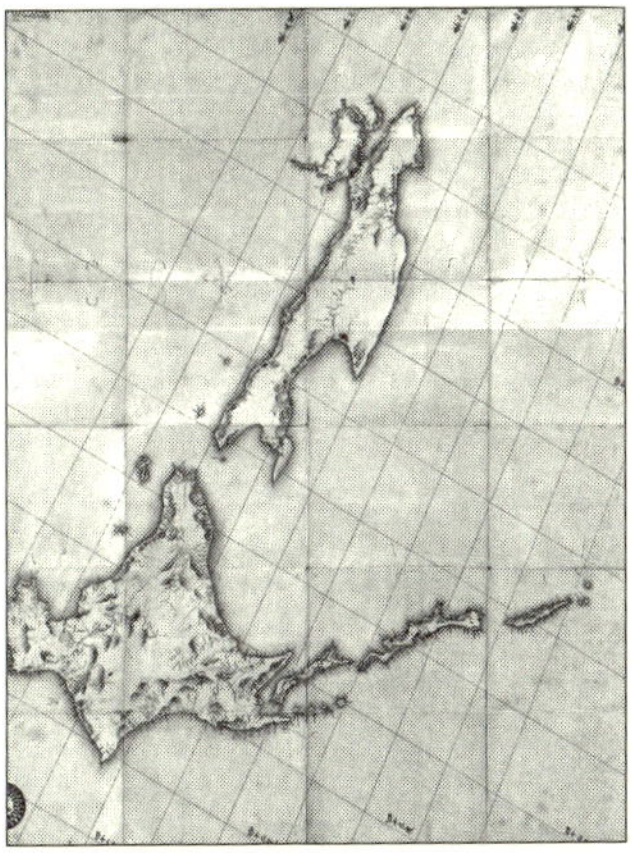

伊能図記載の蝦夷地。18世紀末からロシア船が出没するようになった。（「大日本沿海輿地全図」写し／国立国会図書館蔵）

※フェートン号
1808（文化5）年、オランダ船拿捕を目的に長崎港に侵入。以降相次いだイギリス船の来航は、幕府の対外政策を硬化させる一因となった。

※近藤重蔵
こんどう じゅうぞう（1771～1829）
幕臣、探検家。幕府に北方調査の意見書を出しそれが受け入れられて、都合4回北方領土探検をする。

ち向かった一人の商人がいた。高田屋嘉兵衛(たかだやかへえ)である。

### 播磨灘が育んだ男の気概

高田屋嘉兵衛は、1769（明和6）年、淡路島の貧しい農民の家に生まれている。

生まれ落ちた土地の環境というものが、人の一生に大きな影響を与えることがしばしばある。四方を海に囲まれた淡路島の、播磨灘に面した都志本村(つしほんむら)（現在の洲本市五色町）で生をうけた嘉兵衛が、生涯海に生き海を隔てた人々との交流に尽くしたのは、そうした環境が影響したともいえるだろう。父は病弱であり、しかも、嘉兵衛の後には5人もの弟が生まれている。貧しさが募る中、長男である嘉兵衛に、一人前の男として家族を率いていこうという気概が生まれていったことは想像に難くない。

嘉兵衛は数えで12歳になると、同島で商売を営む親戚の家に奉公に出ている。「口減らし」のためだったといわれているが、自ら志願しての奉公だったのかもしれない。

この地で商いや漁の基礎を10年ほど学んだ後、嘉兵衛は兵庫に出て、樽廻船※の水主(かこ)として働きはじめる。ここでめきめきと力をつけた嘉兵衛は、わずか2年で西出町(にしでまち)（現在の神戸市兵庫区西出町）に拠点を構えて船頭となり、下関や長崎への海運業なども手掛けるようになる。それだけの実力と、リーダーとしての資質を彼が持っていたということだろう。

※樽廻船　たるかいせん
大坂・江戸間の定期船。名称は酒樽を主な積荷としたことに由来する。運賃が安く船足が速い。

しかし、彼の大志は、これで終わりではなかった。もっと大きな船を手に入れ、北の果ての蝦夷地まで渡り大規模な交易をしたい、それが彼の夢となった。しかしながら、大船の建造には途方もない資金が必要だ。そこで、彼は単身、紀州熊野へ出かけて鰹（かつお）漁を行い、わずか3年で500両もの大金を得たという。

とはいえ、それでも大船を建造するには足りなかった。そんな時、嘉兵衛は一人の男と出会う。松前藩の御用商人・栖原角兵衛（すはらかくべえ）である。彼は一目で嘉兵衛の素質を見抜き、1500両もの資金を融通してくれたのである。

高田屋嘉兵衛肖像画
（『日本幽囚実記』国立国会図書館蔵）

1796（寛政8）年、嘉兵衛の船、辰悦丸（しんえつまる）は完成した。彼は、28歳にして1500石積の大船のオーナーとなり、自ら船長として兵庫の酒、塩、木綿、あるいは酒田の米を買い込み蝦夷地へ売り、同時に昆布等の蝦夷地の物産を買い上げ、上方などで販売した。さらに2年後には弟の金兵衛を支店長として箱館（函館）に出店。5隻の船を操る松前藩御用達の大商人となったのである。

ところが、前述のとおり、当時の北の海

は平穏とはいえなかった。当時、東方進出に力を入れていたロシアが、シベリアの先にある日本近海に盛んに出没していたのである。

しかし、受け身で商売を行うものにとって時代の変化は脅威であるが、行動力と洞察力を兼ね備えた商人にとっては、混迷の時代こそ飛躍のチャンスでもあった。逆にいえば、時代が大きく変わりはじめる時に必要とされるのが、高田屋嘉兵衛のような男であったともいえよう。

幕府によって蝦夷地の調査、開発の命を受けた近藤重蔵らは、やがて嘉兵衛と出会い、蝦夷地の開発を託した。嘉兵衛はこれに応え、択捉、国後（くなしり）を巡る航路の開発に成功。さらには、17カ所もの漁場を開発している。

しかも、嘉兵衛は単に航路や漁場をつくっただけではなかった。貧しいアイヌ系の島民たちに漁具を与えて漁のやり方を教え、生活用品なども供給。彼らと物々交換による交易も開始している。売り手も買い手も、さらには地域住民までも、すべてが笑顔になるような手法で商いを続けていったのである。

幕府の信任を得た嘉兵衛は、苗字帯刀を許され、官船の製造、運営、蝦夷地での交易を大々的に行った。通商要求を断られたロシア船が択捉島の会所などを襲うといった事件が起こると、彼は幕命により兵員輸送まで請け負っている。こうして巨万の富を稼ぐことに成功し、彼の経営基盤は盤石なものとなっていったのである。

## ロシアによる拿捕事件発生

1812（文化9）年8月、高田屋嘉兵衛44歳の年のこと。択捉島で荷を積み込み、箱館へと戻る途上、いつの間にかすぐそばに巨大な船が接近してきたのに気づく。それは異国の軍艦であった。やがて、その異国船から2隻の小舟が下ろされた。その小舟が、嘉兵衛らの船に近づいてきたかと思った刹那、銃声が響いた。異国の船員が銃を発射しながら嘉兵衛たちの船に強引に乗り込んできたのである。

結果、高田屋嘉兵衛以下5人の部下は、ロシア船ディアナ号に拿捕（だほ）され、カムチャッカへと連行されたのである。しかし、このような非常時にあっても嘉兵衛は冷静に事態の推移を見極めようとしていた。箱館にいる弟に対し「取り乱さぬよう」と手紙を送っているほどである。

ロシアは、なぜ高田屋嘉兵衛らを拿捕したのであろうか？　それは日本の行いに対する報復の意味合いが強い。先述のように、この事件の起こる少し前から、ロシア船が樺太や択捉島を襲うという事件が起きており、幕府は取締りの強化を図っていた。折しも長崎ではイギリス軍艦フェートン号による薪水等の強奪事件も起きており、幕府は異国船への対

幕府に捕縛されたロシア軍艦の艦長ゴロウニン。千島列島周辺の測量をしていた。

処にやっきになっていた。

そんな折、ロシアの軍艦が北海の測量中、薪水補給のため、択捉、続いて国後へと寄港した。この時、国後島には500人ほどの守備兵がおり警戒に当たっていたという。そして彼らは、上陸してきたロシア艦長ゴロウニンら8名を捕縛、監禁したのである。これに対し、艦長を失ったロシア軍艦ディアナ号は、副艦長のリコルドを中心に、まずは艦長ゴロウニンの安否を確認するために高田屋嘉兵衛らを拿捕したというわけである。

しかし、拿捕した後でリコルドは、高田屋嘉兵衛がただ者でないことを悟った。取り乱す気配がないうえに、艦長室へ呼ぶと威儀を正し日本風に丁寧な礼をした、とリコルドは当時の様子を記している。ところが、拿捕したとはいえディアナ号にも連行先のカムチャッカにも日本語を解する者はいなかった。リコルドと嘉兵衛は、身振り手振りで意思を疎通し、とりあえずゴロウニンが無事であることはロシア側に伝わったようである。とはいえ、ロシアは嘉兵衛を釈放してはくれなかった。ゴロウニン釈放のための大切な人質として監禁を続けたのである。

一方の嘉兵衛も、むしろ進んでロシアへ行こうとしていたように思える。弟にあてた手紙にはこうある。「なにとぞ異国へ参り、よき通詞（通訳）に出合掛合致候はば、夷地もおだやかに相成可申事も之有り（中略）只天下のためを存おり候」（括弧内、およびふりがなは著者加筆）。日本のため、両国の平和のため、積極的に仲介を果たそうとしていた覚悟が見て取れるのだ。

## 言葉も国境も越えた友情

嘉兵衛と奇妙な友情で結ばれたリコルド
（国立国会図書館蔵）

リコルドと嘉兵衛は、その後も議論を続けた。身振り手振りが中心だったが、やがては二人だけに通じる「言葉」も考えだされたという。後には嘉兵衛も少しはロシア語も覚えたというが、両国の人質解放という政治外交についての会話を通訳もなく行うというのは、実に至難の業だったといってよいだろう。しかし、その困難を乗り越

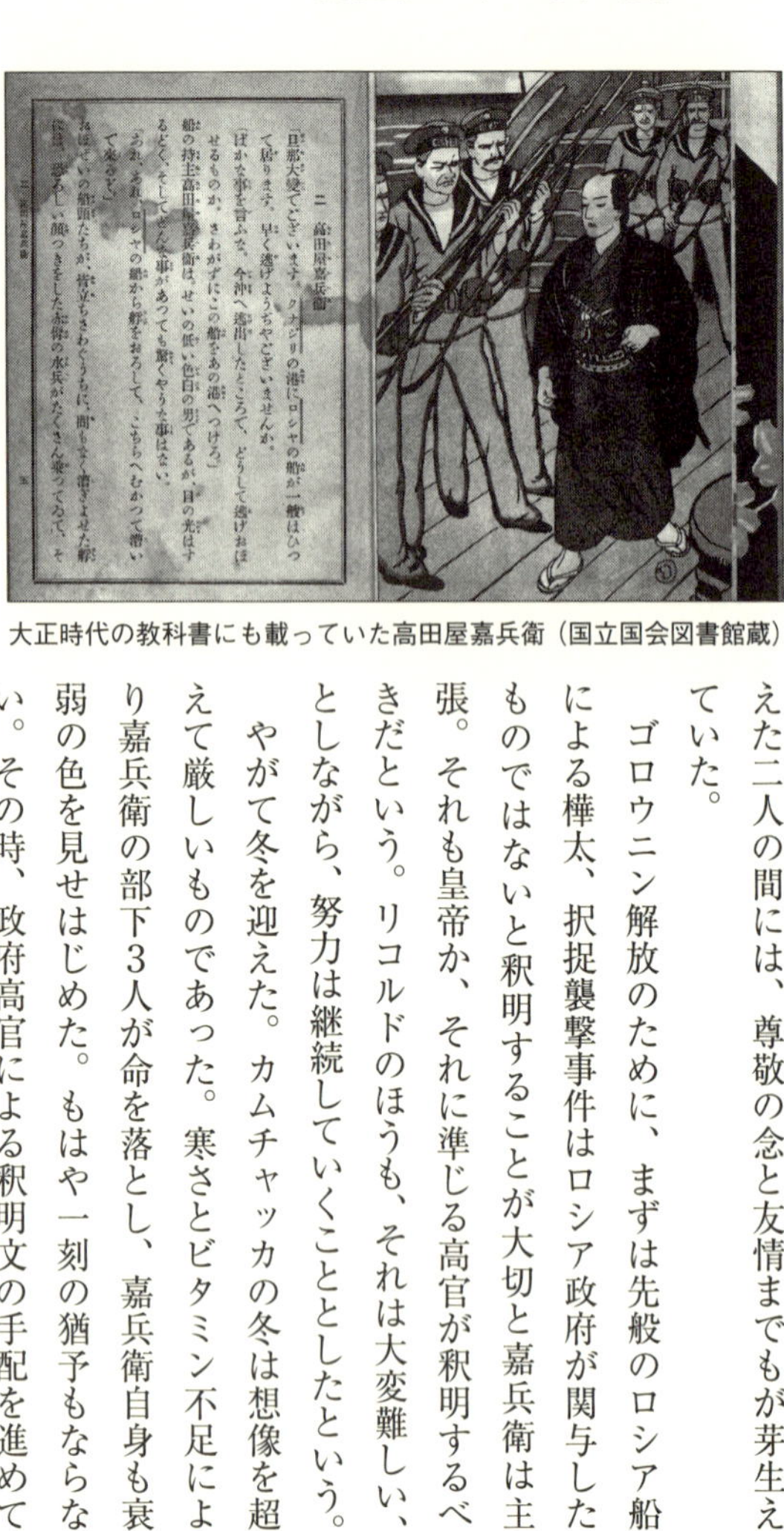
二　高田屋嘉兵衛

「旦那大變でございます。クナシリの港にロシヤの船が一艘はひつて居ります。早く逃げようぢやございませんか。」

「ばかな事を言ふな。今沖へ逃出したところで、どうして逃げおほせるものか。さわがずにこの船をあの港へつけろ。」

船の持主高田屋嘉兵衛は、せいの低い色白の男であるが、目の光はするどく、そしてどんな事があつても驚くやうな事はない。

「あれ、あれ、ロシヤの船から艀をおろして、こちらへむかつて漕いで來るぞ。」

おほぜいの船頭たちが、皆立ちさわぐうちに、間もなく漕ぎよせた艀には、恐ろしい顔つきをした赤[illegible]の水兵がたくさん乗つてゐて、そ

二　高田屋嘉兵衛　五

大正時代の教科書にも載っていた高田屋嘉兵衛（国立国会図書館蔵）

えた二人の間には、尊敬の念と友情までもが芽生えていた。

ゴロウニン解放のために、まずは先般のロシア船による樺太、択捉襲撃事件はロシア政府が関与したものではないと釈明することが大切と嘉兵衛は主張。それも皇帝か、それに準じる高官が釈明するべきだという。リコルドのほうも、それは大変難しい、としながら、努力は継続していくこととしたという。

やがて冬を迎えた。カムチャッカの冬は想像を超えて厳しいものであった。寒さとビタミン不足により嘉兵衛の部下3人が命を落とし、嘉兵衛自身も衰弱の色を見せはじめた。もはや一刻の猶予もならない。その時、政府高官による釈明文の手配を進めていたリコルド自身が、カムチャッカ長官に任命されるという便りが届いた。

1813（文化10）年5月、大命を負ったリコルドや嘉兵衛を乗せたディアナ号は出航。国後島で日本側の役人と面会した。ロシア側代表としてのリコルドの釈明、そして熱心な

嘉兵衛の交渉も功を奏し、ゴロウニンは釈放となった。両国の長年にわたる確執も解消に向かい、高田屋嘉兵衛は幕府より恩賞を賜ることにもなったのである。

嘉兵衛は、その後、5年ほど商いに従事した後、数えで50歳の年に弟金兵衛に跡を継がせて隠居。晩年を故郷淡路島で過ごしている。とはいえ、楽隠居を決め込んだわけではない。堤、港湾、道路の修築など郷土の発展に尽くしたのである。やがて、1827（文政10）年、稀代の豪商・高田屋嘉兵衛はこの世を去る。自宅で静かに最期の時を迎えたという。

高田屋嘉兵衛の尽力により、日露関係が改善に向かって以来、日本とロシアの間で目立った争いは見られなくなった。

しかし、日本をめぐる外圧がなくなったわけではない。1824（文政7）年、イギリスの船員が薩摩の宝島に上陸し略奪を試みて射殺された事件なども起きている。そして、1853（嘉永6）年、ペリーが浦賀に来航し、強硬な態度で開国を迫ることになる。

しかし、実はペリー来航の翌月、ロシア使節プチャーチン※も長崎に来航している。彼は紳士的に、当時の幕府の正式な外交窓口である長崎を訪れたのである。

もしも、高田屋嘉兵衛の活躍がなく、日本とロシアの関係が改善されていなければ、ロシアは別の形で開国要求をつきつけてきたかもしれない。日本の幕末の姿が大きく変わっていた可能性も否めないのである。

※プチャーチン
（1804?～1883）
名はエフィム。ロシア帝国海軍の軍人。1853年に4隻の艦隊で長崎に来航。翌年の安政東海地震で自らが被災しつつも、救助活動に当たった姿が幕府に好感を持たれる。後に海軍元帥、教育大臣となる。

# 02 【開国を訴えた豪商の海外雄飛の夢】黒船来航と濱口梧陵

## 黒船来航に世論は二分された

1853（嘉永6）年6月3日は、多くの人の心に刻まれる日となった。この日、アメリカ東インド艦隊司令長官マシュー・C・ペリーが4隻の軍艦を率いて浦賀沖へと現れたのである。巨大な軍艦に乗った異国人は強硬な姿勢を崩さず、時折大砲を撃つことさえしてみせた。正式な外交窓口である長崎へ回れという幕府の指示も聞かず、大統領からの国書の受領を要求したのである。結局、幕府は国書を受け取り、翌年にその返事をすると約束し、一旦、ペリーの軍艦は日本を離れることとなった。

開国を要求するアメリカに対し、いかに対処すべきか？　時の老中首座・阿部正弘※はその対応を広く大名や幕臣のみならず、一般庶民にまで求めた。その結果、世論は、攘夷派

※ 阿部正弘
あべ まさひろ
（1819～1857）
福山藩主。1843（天保14）年、25歳で老中に抜擢され、1845（弘化2）年に老中首座。弘化・嘉永期には、徳川斉昭や島津斉彬ら雄藩大名と連携、朝廷に異国船情報を奏上するなど、海防政策に追われた。

（開国拒否派）と開国派の二つに分かれた。攘夷派の代表は御三家の一つ水戸藩前藩主・徳川斉昭※である。その他、意見書を提出した54の藩の内、60パーセント超にあたる34藩が攘夷を支持したという。もちろん、攘夷派以外にも「開国やむなし」という姿勢を示した人々もいた。いわゆる開国派であるが、その多くは、異国と戦っても勝ち目はないからとりあえず開国要求をのむしかない、という消極的な開国派であった。

しかし、この時、冷静に世界情勢を見つめ、積極的に開国を唱えた男がいた。しかも、その男は、一介の商人の身分でありながら、視野を世界に広げ、積極的な開国を主張したのである。その男こそ、濱口梧陵（はまぐちごりょう）である。彼は、この時の感慨を以下のように記している。

「今や世界の大勢を見るに、いずれも門戸を開放して、互いに交際せざる国なし。我らの平常に就いて考うるも、若し遠方より人の訪い来るものあらば、相当の挨拶をなし用事を聞きまた交際を求めらるれ

浦賀来航の翌年、ペリーは横浜に来航。条約締結交渉を進めた。

※徳川斉昭
とくがわ なりあき
（1800〜1860）
水戸藩主。全領の検地、弘道館・郷校の設置、梵鐘没収と大砲鋳造、軍事教練など天保の藩政改革を行うが、政策の過激さにより1844（弘化元）年、幕府から謹慎・隠居を言い渡される。ペリー来航後は幕府海防参与となり、大船建造や軍制改革に参画。安政の大獄に連座し国許に蟄居。

濱口梧陵（国立国会図書館蔵）

ば、妨げなき限り交際するが普通の礼にあらずや。然るにみだりに之を拒絶するは、あたかも臆病なる犬が物陰より徒に吠え立つるに異ならず。」

攘夷派を犬にたとえつつ、積極的な開国を唱えた濱口梧陵。黒船来航という一大事を冷静に受け止め、日本の未来に大志を抱いた彼の生涯を、開国へと舵を切った日本の動きとあわせて見てみることにしよう。

**文武両道の達人、濱口梧陵**

濱口梧陵は、1820（文政3）年、紀州広村（現在の和歌山県有田郡広川町）に生まれた。実家は、「ヤマサ」の商標で有名な醤油醸造業を営む濱口家の分家である。幼い頃、父と死に別れ、母一人に育てられ成育した。12歳の年、跡継ぎのいなかった本家に養子として迎えられ、大商家の7代目の跡取りとなった。その時より、たった一人で自分を育ててきた実の母を「叔母さん」と呼ぶことが決められたという。

濱口家は、室町時代より紀州広村に住する地元の名士であり、下総国の銚子（現在の千葉県銚子市）に醤油醸造業を営む店舗を持ち、また、江戸日本橋にも中継地としての拠点があった。このため梧陵は、これ以降、紀州広村、下総銚子、江戸日本橋を行き来するようになる。

まず、本家に養子に入った12歳の時、故郷広村を出て、銚子の店舗で家業の修行に入った。濱口家では代々、跡継ぎとはいえ甘やかさず、他の丁稚（でっち）たちと寝食をともにしながら家業を学ぶことが決められていた。文字通り、下積みから商売のいろはを叩き込まれるのである。

それだけではなく、学問を修め、剣術等武道の修行にも励まなければならなかった。修行は厳しかったが、梧陵はそれに耐えた。というよりも修行を楽しみ、めきめきと実力を発揮したようである。幼き頃より『論語』をそらんじ、詩や易経などに親しんだほか、武芸にも秀で、特に槍術は達人級の腕前に達していたという。

1839（天保10）年、20歳で嫁をもらった梧陵は、しばらく郷里広村にとどまったが、翌年、再び江戸と銚子で修行に励むようになる。このころ、蘭医学者・三宅艮斎（みやけごんさい）と出会ったことが彼の眼を世界に向けさせるきっかけともなっていった。この三宅艮斎とは、これまで唯一の外交窓口であった長崎で直接オランダ人から学んだという人物である。彼から聞いてはじめて知った世界の広さ、先進的な学問体系、それらはいつしか梧陵の心に異国に対するほのかな憧れを植え付けていったのである。

また、1850（嘉永3）年ごろ、梧陵は、松代（まつしろ）藩士で兵学者である佐久間象山※の塾に出入りし、西洋砲術等を学んでいたようである。この佐久間象山の塾には、勝海舟、吉田松陰、橋本左内（さない）、山本覚馬（かくま）、河井継之助※、坂本龍馬ら錚々（そうそう）たる人物も相前後しながら出入りしていたという。梧陵はこのような環境で、志ある人々と交流を深め、最先端の学問を身に着けていったのである。

この中の一人、勝海舟とは、後に知人の紹介で正式な形で交際をはじめるようになった。この勝海舟もまた、黒船来航の時に「貿易を盛んにし、本格的な海軍を創設すべし」と、積極的開国論を主張し、幕閣に認められるようになった人物である。武士と商人と立場は異なれど、ともに世界に視野を広げた二人は、その後、すっかり意気投合した。梧陵は、その後も勝を支援し、生涯の友となっていくのである。

## 多くの人の人生を変えた黒船

1853（嘉永6）年3月、病気の養父に代わり、家督を相続する。翌月、養父が亡くなり葬儀等を行った後、再び仕事の関係で江戸へと出てきた梧陵は、ここで歴史の転換期

※佐久間象山
さくま しょうざん
（1811〜1864）
幕末の思想家、兵学者。松代藩士の子。朱子学、蘭学を修め、西欧の科学技術の摂取による国力の充実を主張するも、京都で尊王攘夷派に暗殺されてしまった。
（画像：国立国会図書館蔵）

佐久間象山

※河井継之助
かわい つぎのすけ
（1827〜1868）
越後長岡藩士。のちに家老となる。藩財政の再建、軍備の西洋化などを主導した。戊辰戦争では武装中立を唱えたが、新政府軍に受け入

に立ち会うこととなる。梧陵は、蒸気で動く巨大な異国の軍艦、黒船を、直接その目で見たという。学問に長じ、洋学も修めた梧陵だが、予想を超える異国の発達した文明を目にした時、大きく心を震わせた。日本は門戸を開放し、外国から多くを学ばなければならない、そう悟ったのである。そして、このころから実際に異国へ渡り、そのすぐれた文明を目にしたいという願望を強く抱きはじめたという。

黒船来航は、多くの人の人生に多大な影響を与えた。特に佐久間象山門下の人々に与えた影響は大きかったといえよう。梧陵の盟友、勝海舟が積極的開国論を説き、幕閣に注目されたのは、先述のとおりである。長州藩士・吉田松陰は、異国への憧れを断ち切れず翌年密航を企て失敗。故郷の牢獄に幽閉されることになる。師である象山もまた、この事件に連座して蟄居処分を受けている。

梧陵もまた、黒船来航に衝撃を受けただけでなく、日本は開国して異国に学ぶべきという主張を幕府の中枢に直接ぶつけるという行動に出た。伝手（つて）を得て、幕府に対し開国の必要性を述べ、海外視察の願いを訴え出たという。

しかし、彼の海外雄飛の夢が叶うことはなかった。黒船来航の翌年に幕府は日米和親条約を結び、開国へと舵を切ったとはいえ、まだまだ梧陵ら開国派と比べ、幕府の考え方は保守的だったのである。失望と怒りの入り混じる想いを抱えて、梧陵は故郷へと帰った。

れられず交戦。激戦の末、長岡藩は敗れ、河井継之助も命を落とした。（画像：国立国会図書館蔵）

河井継之助

地震と津波の被害を受けた広村の様子
（『濱口梧陵小伝』国立国会図書館蔵）

そしてそのとき、もう一つの試練が、彼を襲うことになる。

## 人々を救った稲むらの火

１８５４（安政元）年11月４日午前10時、広村を大きな地震が襲った。揺れは直に収まったとはいえ広村は海沿いの町。怖いのは津波である。すぐに海へ出て、津波の兆候を見て取った梧陵は、村人を高台へと避難させた。彼の機敏な行動のおかげもあり、大きな被害は出なかったという。

ところが、翌５日午後４時ごろ、前日とは比べ物にならぬほどの巨大地震が再び広村の人々を恐怖に陥れた。「瓦飛び、壁崩れ、塀倒れ、塵烟空を蓋う」とは、梧陵が書き残した当日の様子である。やがて揺れが収まると、梧陵は村の巡視を行う。

その時、徐々に雲行きが怪しくなってきた。何事かが起こる前兆である。梧陵は津波襲来を察知し、村人の避難に全力を注いだ。「壮者を励まし、逃げ後るるものを扶け」ていたとき、津波がやってきた。梧陵自身も半身を波に奪われ、沈んでは浮かび、命からがら高台へ逃れたという。

しかし、津波は第一波だけで終わるものではない。日も暮れ、辺りが闇に包まれる中、逃げ遅れた人々は避難路もわからず、泣き叫ぶことしかできなかっただろう。そこで梧陵は、元気な人々十数名に松明を持たせて村をめぐらせ、あちこちにある稲むら（乾燥させるために藁を積んだもの）に火を点けさせた。暗闇を照らす稲むらの火は、村人に安全な道筋を知らしめたばかりでなく、希望の光をも与えていった。灯りに照らされた道を頼りに多くの人が避難に成功したという。

一晩で大きな津波が何度も広村を襲った。津波により流失した家屋は125軒、全壊、半壊を含む損傷を負った家屋は200軒を超えている。犠牲者は36人を数えたが、もし、梧陵が中心となった懸命の避難誘導、救助作業がなかったら、その数は、もっと莫大なものになっていたことは想像に難くない。

しかし、梧陵の働きはこれで終わったわけではなかった。いや、むしろ、それははじまりであった。故郷の復興のために私財をはたいて、50石と257俵の米を手配し、50軒の家を建てて貧者に住まわせ、流された橋を架けなおし、漁師には漁具を、農民には農具を、

梧陵と生涯の交友を結んだ勝海舟
（国立国会図書館蔵）

商人には資金を融通するなどして献身的に働いたのである。さらに梧陵は、二度とこのような事態が起こらぬよう大堤防の建設に着手した。これは被害を未然に防ぐためでもあり、職を失った人々に仕事を与えるためでもあった。

ペリー来航の後、幕府が西洋諸国と和親条約、続けて修好通商条約を締結し、世の中が開国へと大きく動き出している時、開国を誰よりも強く望んでいた濱口梧陵は、故郷の復興のために、その全精力を傾けていたのであった。

## 憧れの海外雄飛

1860（万延元）年、幕府は、日米修好通商条約の批准書交換のため、重臣・新見正興※や小栗忠順（ただまさ）らをアメリカに派遣した。そして、彼らを乗せたアメリカ軍艦の随行役として、日本人が中心となって航海する咸臨丸（かんりんまる）を出航させることとした。艦長は勝海舟である。出航前に、勝は梧陵を乗船に誘った。梧陵のような人物こそ海外に渡航して学ぶべき

※ 新見正興
しんみ まさおき
（1822〜1869）
幕臣。新見家の養子となり、小姓組頭に。1860年には日米修好通商条約批准書交換使節正使として渡米。各地で熱烈な歓迎を受けるが、帰国後は不遇。帰農し、病を得て死去。美男として知られ、大正時代に「白蓮事件」で有名になる柳原白蓮は彼の孫娘にあたる。

と、勝も思ったのであろう。ところが、梧陵は、あれほど憧れていた海外雄飛の機会を自ら断った。故郷広村は復興の途上にある。こんな時期に自分が日本を離れることなどできないのだ。それが彼の言い分であった。

結果、梧陵を伴わずに咸臨丸でアメリカへと航行した勝は、その後も本格的な海軍創設のための塾を開くなどの活躍をし、やがて幕府の中枢人物として幕末の世を動かしていくようになる。そんな勝を梧陵は物心両面から支え続けた。また、梧陵自身も、その後は、故郷の復興に尽力したほか、明治となって駅逓頭※、和歌山県大参事※、初代県議会議長などを歴任。世のため人のために全力を捧げていったのである。

1884（明治17）年、梧陵も65歳となり、ようやく隠居を決意した。晴れて自由の身となった彼はついに、憧れの海外へと旅立つことになる。咸臨丸乗船の機会を見送ってから、24年の時が過ぎていた。

行く先は、青年時代の彼に衝撃を与えた黒船を差し向けた国、盟友勝海舟が誘ってくれた国、アメリカである。「予想以上に驚駭（きょうがい）せしむるものも少なからず」と現地から友人にあてた手紙にもあるとおり、この旅は実に有意義なものであったという。その旅の途中、このあとはヨーロッパにでも行こうか、などと考えていた時、梧陵はふいに体調不良に陥る。そしてそのまま、憧れの地アメリカで客死。濱口梧陵は、帰らぬ人となったのである。

※ 駅逓頭
えきていのかみ
駅逓とは、郵便事業などを司る明治初期の官庁のこと。駅逓頭はその長官。駅逓は、1885（明治18）年に逓信省に引き継がれる。

※ 大参事　だいさんじ
知事に次ぐ役職で、現在の副知事に相当する。

## 03
## 安政の大地震と13代伊藤次郎左衛門祐良
### 【被災にも打ち勝った松坂屋の商魂】

**突如、江戸を襲った巨大地震**

4隻の軍艦を率い、江戸の人々の度肝を抜いたペリーは、翌1854（嘉永7）年1月16日、今度は7隻の軍艦を引き連れ、約束どおり再び日本へと来航した。ここから開国に向けた交渉が1カ月半ほど続き、ついに3月3日、日米和親条約が締結された。これにより、下田、箱館を開港し、アメリカ船に薪水、食料等を供給することや、下田に官吏を駐在させることなどが決められた。これにより、これまでオランダ以外の西洋諸国に固く門戸を閉ざしていた鎖国政策は終焉を迎えたといってよいであろう。さらにここから年末にかけ、イギリスやロシアとも同様の和親条約が結ばれていく。

一方で、異国への対応策として、最新式の西洋技術を取り入れ日本を守ろうという動きも同時に進んでいく。品川に台場（だいば）（砲台場）を設け、伊豆韮山（にらやま）に大砲鋳造（ちゅうぞう）のための反射

※ 反射炉
金属融解炉の一種。燃焼室で発生した熱を天井や壁で反射させ、側方の炉床に熱

炉※を建設した。また、長崎には西洋式の航海術等を学ぶ機関として海軍伝習所が設けられた。この伝習所は幕臣だけでなく、諸藩士にも門戸が開かれ訓練を受けることが認められた。伝習生の中には幕臣の勝海舟や榎本武揚（えのもとたけあき）、薩摩藩士・五代友厚（ごだいともあつ）などがいる。

　このようにこの時期、幕府は開国へと舵を切り、西洋諸国への対応を着実に進めてきたのだが、まだ庶民の生活にまで大きな影響を及ぼしてはいなかったともいえよう。庶民の関心の多くは、この時期に続けて起こった天変地異に向けられていたのである。

　日米和親条約が締結された年の11月４日には、安政東海地震が、翌５日には南海地震が発生。東海地方から九州に至る広い地域が大きな被害に見舞われた。濱口梧陵がこの時から故郷広村の復興に全精力を傾けていったのは前述のとおりである。そして、翌１８５５（安政２）年10月２日、今度は江戸直下をマグニチュード7前後と想定される大地震が襲った。

　内閣府中央防災会議の調査、推定によると、震度６以上の揺れが起こったのは、東京都心（千代田区丸の内）から下町（墨田区）、さらには茨城県取手市、千葉県松戸市、埼玉県幸手市、神奈川県横浜市などまで広がっており、関東地方東部を中心に大きな揺れに見舞われたようである。このような直下型地震が起こったら、現在でも被害は甚大なものが予想される。ましてや当時は壊れやすく燃えやすい木造建築がほとんどである。町人の家屋、１万４０００軒あまりが倒壊。江戸市中で１万人前後の犠牲者が出たと推測されてい

を集中、金属の精錬を行う。これによって従来の鋳造技術では作れなかった、耐久力のある鉄製大砲を製造することが可能となった。（画像：国立国会図書館蔵）

修繕前の韮山反射炉

る。不幸中の幸いといわれるのは、当日、風が弱く、火災があちらこちらで発生したものの、延焼が比較的少なかったことであろう。とはいえ、それでも1・5平方キロメートル程度が焼失したという。

武家、町人を問わず、多くの人々が大きな被害に遭った。むろん、商人も同様である。江戸初期から続く呉服商、松坂屋もまた、大きな被害を受けた商家の一つであった。

## 慈悲深き経営者祐良

松坂屋の歴史は古い。その創業は、江戸幕府がはじまって間もない1611（慶長16）年、伊藤蘭丸祐道（らんまるすけみち）が名古屋に呉服小間物（こまもの）店である「いとう呉服店」を開店したことにはじまる。この創業者祐道は元武士であり、かの織田信長の小姓（こしょう）をつとめていたという。「蘭丸」という名は信長が付けたともいわれている。

しかし、その4年後、祐道は亡くなっている。死因は戦死である。1615（慶長20）年に大坂夏の陣が起こると、武士としての魂が揺さぶられたのか、祐道は大坂（豊臣）方として従軍。華々しく討死したという。一旦は途絶えたいとう呉服店だが、後に次男の祐基が継ぎ、1659（万治2）年に店を再興する。しかし、翌年、万治の大火という大火事で店が焼けてしまうという不幸に遭遇。その時、祐基は、意気消沈するどころか、物資が窮乏した焼け跡の人々に原価に近い価格で古着等を売り出し好評を博したという。

薄利多売で成功したいとう呉服店（松坂屋）は以来、商家として成功の道を歩んでいく。1745（延享2）年、京都に仕入店を開き、1768（明和5）年には江戸の松坂屋を買収、1805（文化2）年には大伝馬町※に木綿問屋を開店するなど確実に業容を広げていったのである。

松坂屋の主人は代々「次郎左衛門」を名乗ることになっていたのだが、13代目となる伊藤次郎左衛門祐良（すけよし）が先代の死により家を継いだのは、1827（文政10）年、まだ6歳の時である。むろん、しばらくは番頭らに支えられて松坂屋の経営を保ったという。

この祐良が18歳の頃、地元名古屋の名僧、豪潮律師が伊藤家を訪ね、祐良と面会したことがある。この時、僧は「この少年は、誠に聡明で長者の風格があるが、短命かもしれぬ。しかし、信仰に精進されて徳を積んだならば、長寿を保つことができるであろう」と告げたという。以来、祐良は、1日も欠かさず写経を行うなど仏教に深く帰依し、善行を施すことを続けたのである。

このような経営者の人柄と長年築き上げてきた伝統が、松坂屋全店にはよく染みわたっていたように思われる。自店の繁栄を考えるだけでなく、地域住民に対し慈悲の気持ちをもって接するようになっていたのである。

※ 大伝馬町
おおでんまちょう
江戸最大の呉服・木綿問屋街。特に伊勢松坂の商人の店が多かった。
（画像：国立国会図書館蔵）

大伝馬町の街並み

## 不安な世相と松坂屋

１８３３（天保４）年、天保の大飢饉がはじまる。大凶作が起こり、農村で多数の餓死者が出たほか、諸物価が異常な値上がりをしたために都市部でも餓死者が続出したという。世相は荒廃し、百姓一揆や打ちこわしが頻発していった。この惨状を見かねた松坂屋上野店では近隣の人々や出入りの人々に施しを与えた。これは祐良の指示だったともいう。この時、松坂屋が寄付した額は１８３３（天保４）年に１７９両、また１８３６（天保７）年にも１８４両２朱、さらに名古屋店でも貧民に米や銭を与えたという。

これらの功績は幕府にも認められ、町奉行から褒美をいただいたほか、１８４３（天保14）年に将軍家慶※が日光社参した際の御用品調達を受託するといった栄誉にあずかっている。

その後も幕府とは良好な関係を築きつつ、江戸城で炎上事件が起こったり、黒船来航に伴い海防費用が必要となったりといった事件が起こる度に多大な御用金を上納してもいる。ちなみに、その頃松坂屋の江戸店で熱心に働いている一人の少年がいた。その少年の名は土方歳三※。後に、池田屋事件などで尊王攘夷派に恐れられる新撰組の副長となる人物である。

※ 徳川家慶
とくがわ いえよし
（１７９３～１８５３）
徳川12代将軍。在位は１８３７～１８５３年。老中水野忠邦を重用し、天保の改革に着手。改革失敗後は阿部正弘を重用したが、ペリー来航直後に死去した。

※ 土方歳三
ひじかた としぞう
（１８３５～１８６９）
土方歳三が松坂屋に勤めた時期に関しては諸説があり、また辞めた理由に関しても「番頭と喧嘩した」「女中を妊娠させた」など、いくつかの話が伝わっている。

## 被災しても忘れない博愛の心

そして運命の1855（安政2）年10月2日が訪れる。時刻は夜四つ時（10時頃）である。多くの人の寝こみを襲った大地震は、遠慮なく松坂屋の人々をも恐怖に陥れた。「土蔵の壁は落ちて鳥籠の如く」なったという当時の記録もある。

しかもそんな折、上野の町に火が出た。あっという間に火は広がり、上野店は焼失してしまったのである。辛うじて持ち出せたのは、仏壇と箪笥3本だけであったという。このような非常時にあって何よりも先に仏壇を持ち出したというのは、祐良の日頃の信心が、従業員一同にもよく浸透していた証拠ともいえよう。

震災直後、祐良は「訓諭書」を発する。祐良らしく、信仰の大切さを説きつつ、多人数が相和し、堅実な道を辿って再興に励むよう激励した文章である。「若輩下輩へも慈悲をかけ」「賢人も愚人も人道なり」「家僕に至るまで安寧永久伏して祈り奉るのみなり」といった文面に、祐良の慈悲深く博愛の心を持った人柄が偲ばれる。

この博愛精神は、広く松坂屋の人々の心にも浸透していたのであろう。松坂屋は、自らも罹災していながら、焼失した上野店の地に、急ぎ救い小屋を建て被災者を救助。後に幕府よりその功績を称えられている。さらに、震災からわずか2カ月で同地に仮店舗を建設し、営業を開始。物資の供給に努めた。しかも、ほぼ同時に、幕府に対し1000両もの

松坂屋の店舗前（歌川広重・画「名所江戸百景 下谷広小路」／国立国会図書館蔵）

上納金を差し出しているところに松坂屋の底力を見る思いがする。

翌年9月には、正式に新しい店舗が完成。それに伴い5万5000枚の引札（ひきふだ）（広告チラシ）を配布し、3日間にわたり新装開店セールを行った。その結果、3000両もの売上があったという。豪快な宣伝手法と大規模なセールの開催は、当時、江戸の人々の間で語り草になるほどのものであった。暗い世相に一筋の灯りをともすことにもなったであろう。

その後も松坂屋は、江戸や京都で火災に遭っているが、その度に懸命な復興を果たしたたばかりか、諸物価高騰等により町に貧窮者が増えると、炊き出しを行ったり、食料を与えたりと地域住民のために尽くしている。

### 短命と目された男の最期とは？

幕末の世を駆け抜けた松坂屋当主・13代伊藤次郎左衛門祐良は、明治維新の起こる少し前、1866（慶応2）年10月、嗣子祐昌（すけまさ）に家督を譲り、引退する。地元、尾張徳川家からもその善行を称されるなど、惜しまれながらの引退であった。

その後、隠棲した祐良は、残りの人生を信心の道に捧げた。毎日の写経は相変わらず欠かさず、寺に仏像を奉納するなど、熱心に仏教に帰依したのである。日々驕ることなく、質素な暮らしを続けたその姿は、まるで禅僧のようであったとも伝わっている。

祐良が鬼籍に入ったのは、明治も半ばを過ぎた頃のことである。若き頃、短命かともいわれた男は、名僧のいいつけを守り、真に「信仰に精進」し、「徳を積」み続けたおかげで、かなりの長寿を保ったことになる。名僧の予言は的中したのである。まさに仏教の功徳を体現したような一生だったといえよう。

一方、祐良隠居後の松坂屋は幕末・維新の荒波を受けながら、その後も着実に経営を続けていく。やがて幕府が滅び、旧幕府の残党彰義隊（しょうぎたい）と新政府軍が上野で戦闘に陥った時、松坂屋上野店は新政府軍の本営ともなっていく。幕府から明治政府へと政権が移り変わる際、多くの豪商が没落していったが、松坂屋はこのようにいち早く明治政府に加担するなど時代の趨勢を見抜いた対応をとっていった。こうして松坂屋は、現代まで続く豪商※として繁栄を遂げていったのである。

---

※現在まで続く豪商
現在は大丸と経営統合し、共同持株会社は「Jフロントリテイリング株式会社」となったが、店名には「松坂屋（大丸松坂屋）」の名称が引き続き使われている。

## 04

【開国後の混乱を乗り越えた手法とは？】

# 開国と5代嘉納治兵衛尚正

### 江戸っ子を酔わせた上方の酒

江戸の町は、徳川家康が入国し、幕府を開いたことで急速に発展を遂げた。人口は急増し、大消費地となったのである。とはいえ、それまで800年もの間、日本の中心であり続けた京都など上方（かみがた）の地方と比べれば、製造業や商業などは、まだまだ劣っていたといえる。

そのため、江戸に大店を構える商店も、その本店は上方などにある場合が多かった。採用も本店で行うため、江戸の町にあっても大店周辺では、常に西のほうの方言ばかりが耳についていたという。

京都へ行くことを「上洛」というように、当時は、上方へ向かうことを「上り」といい、上方から江戸へ向かうことを「下り」といった。現在とは逆である。製造業も上方のほうがすぐれていたから、多くのものが上方で生産され、江戸へと下っていった。上方で生産された「下りもの」は高級品として江戸の町でもてはやされ、逆に、江戸や東国で生産されるものは「下らないもの」として軽く見られたのだという。

しかし、江戸が政治の中心地として栄えてから１００年、２００年と時が過ぎるうちに、江戸や東国でも良質の商品が作られ、徐々に江戸の人々にも認められるようになってくる。ところが、江戸末期にあっても変わらずに上方産のものが珍重され続け、大きなシェアを占めていたものもあった。「酒」である。伊丹、池田、灘（なだ）など摂津国（現在の大阪府北西部と兵庫県南東部）等で生産された酒が江戸庶民の喉と心を潤し続けたわけである。

そんな上方の酒造業を代表する商家が嘉納家（かのうけ）である。嘉納家は当初、材木業者を営んでいたのだが、２代目当主・治兵衛長好が長男治郎右衛門に家督を譲るとともに、自身も末子を連れて分家。やがて両家ともに酒造業をはじめることとなった。

こうしてできた二家のうち、治郎右衛門が家督を継いだほうは「本嘉納家」と呼ばれ、当主は代々「治郎右衛門」を名乗ることになる。一方の治兵衛長好が末子とともに起こしたのは「白嘉納家」と呼ばれ、当主は代々「治兵衛（じへえ）」を名乗っている。

どちらも「灘の酒」を代表する酒造業家であるが、今回は白嘉納家のほうを中心に、幕末期における経営手法およびその挫折と挽回の日々を紹介していくこととしよう。

## 若き当主尚正の失敗

幕末の時代に白嘉納家を率いたのは、5代嘉納治兵衛尚正である。彼が家督を相続したのは1841（天保12）年。当時、まだ21歳の若者であった。当然、一家を率いるには経験が足らず、当初は親戚一同が彼を補佐していたようである。

とはいえ、若き経営者の船出は、順風満帆とはいかなかった。2年後の1843（天保14）年には、銀133貫915匁という大きな欠損金を計上することになるのである。しかも、その欠損金の原因が、どうやら尚正の行いにあったようである。当時の史料には「（この欠損金は）治兵衛尚正誠に心得違いをしでかし、（中略）米の思惑や、そのほか商内不調法をした損入用銀である」とある。つまり、尚正が米相場などの商品相場に手を出し、大きな損失を被ってしまったようなのである。

本件で尚正は大いに親戚筋から責められただろうし、本人も反省し、以降、本業に精を出し、欠損金の穴埋めをするよう心に誓ったことであろう。しかし、2年後の1845（弘化2）年には、白嘉納家の累積赤字は266貫263匁に達してしまう。ここに至り、尚正は責任をとって職を辞する決心を固め、嘉納家の当主には、尚正の実母慶が就任することになる。尚正はわずか4年ほどで当主の座を降り、謹慎生活に入ることになったのである。

長い謹慎生活が終わりを告げたのは、それから7年後の1852（嘉永5）年であった。

前年の11月、当主の座にあった母慶が亡くなったことにより、再び尚正が党首の座に返り咲くこととなったのである。32歳となっていた尚正は、「今度こそ!」と意気込んだことであろう。しかし、彼が二度目に当主になった頃から、大きく時代が動きはじめる。翌年、ペリーが来航。日本は開国し、やがて西洋諸国との貿易がはじまる。あらゆる商家が大きな影響を受けるようになったのである。

ここで開国当初の経済情勢について軽く触れておくことにしよう。

日米修好通商条約の文面。ハリス(ハルリス)の名も見える。(国立国会図書館蔵)

## 急な開国が経済を大混乱に陥れた

日米和親条約が締結されたことを受け、1856(安政3)年、タウンゼント・ハリス※がアメリカの初代駐日総領事として来日。彼はその後2年の月日をかけて粘り強く交渉し、ついに、1858(安政5)年、日米修好通商条約が締結された。

その結果、神奈川(後に横浜)・長崎・新潟・

---

※タウンゼント・ハリス(1804~1878)アメリカの外交官。ニューヨークの商人出身。中国・東南アジアで貿易に従事したのち、1854(嘉永7)年寧波領事。翌年、下田駐在の初代米国総領事に任命され、通商条約締結の全権を委任される。1858(安政5)年、他国に先駆けて条約の調印に成功。

タウンゼント・ハリス

兵庫の開港や江戸・大坂の開市、自由貿易の実施などが決められ、日本は本格的に開国し、その後同様の契約を結んだ諸外国と、貿易を盛んに行うこととなった。

しかし、慣れない貿易によって国内経済は大いに打撃を受けた。まずは、主要輸出品とされた茶や生糸の需要が増大。品不足となり、価格が急騰した。それにつられて米などの物価も高騰することになる。

また、金と銀の交換比率の違いにより、金がどんどん海外へ流出していったことも問題であった。この仕組みについて簡単に説明しておこう。当時、金と銀の交換比率が日本では1対5であり、海外では1対15であった。つまり、西洋人が自国から5グラムの銀貨を持って来れば、日本での交換比率は1対5であるから、1グラムの金貨に両替でき、その1グラムの金貨を自国において1対15の交換比率で両替すれば、なんと当初の3倍の15グラムの銀貨に化けるという仕組みである。

実際には、金は重さで量って取引されるものではないため、4枚のメキシコドル銀貨を日本で3枚（3両）の小判に両替した上で、それをさらに西洋で両替するという形式をとる。そうすると、小判に含まれる金の含有量から換算され、当初の3倍に当たる12枚のメキシコドル銀貨を手に入れることができるというわけである。

西洋人にとっては、まさに「濡れ手で粟」のおいしい取引だった。なにしろ、日本を開国に導いたハリス自身がこの方式を使って莫大な利益を上げていたといわれているくらいなのである。

そこで幕府は対策を練った。小判に含まれる金の含有量を従来の3分の1としたのである。これにより、金と銀の交換比率が海外と同様1対15になったので、金の流出を防ぐことはできた。しかし、1両に含まれる金の含有量が低くなるということは小判1枚の価値が落ちるということにもつながる。貨幣の価値が下がれば、物価は高騰することになる。こうして米をはじめとする諸物価はますます高騰。庶民の生活を直撃したのである。

この経済の混乱は、むろん、商売にも大打撃を与えていく。酒造業においては、原料となる米は高騰し、経済の安定のために幕府は生産量の抑制を要求するなどの悪条件が重なることになるのである。

## 時代を見据えた堅実経営への回帰

このような時勢において、5代嘉納治兵衛尚正率いる白嘉納家はいかなる対応をとったのであろうか。一言でいえば、堅実経営への回帰である。あせらず、じっくりと確実に、本業を中心に家業を続けていくことに終始したのである。

酒造業は、現金化するのに時間がかかる商売だといってよいだろう。まず醸造するのにじっくりと時間をかける。また、灘から江戸までの運送期間も相当かかる。さらに、当時は酒問屋がバイイングパワーを発揮して売掛金の支払いを極端に遅らせてもいた。このため、生産から販売、回収に至るまで1年から数年を要したわけである。

しかも、その間に主要原料である米の値段は上がるし、供給量も不安定であった。経営者は、このような情勢を見越して1年単位、数年単位で先を読むことが必要とされたのである。

このような不安定な状況の時には、人は得てして手元にある資産をできるだけ早く現金化したいと思うものである。しかし、尚正は違った。逆に大量に仕入れた原料の米をすべて使わず、一部は残してあえて酒の生産量を絞ったのだという。この判断は先の読めた行動であったといえよう。当時、幕府は酒などの流通量を制限する傾向にあったのだが、白嘉納家は、すでに減産体制ができているので問題なく対処できるし商品ロスも防げる。米の値段が上がり続けた際にも、まだ安い時に仕入れて残しておいた米を使うことで結果的に原価を低減させることができるからである。

その頃、営業不振でつぶれかけた江戸酒問屋・伊坂市右衛門家を、先方からの依頼で支援したことがあった。実質的には、救済合併である。そのため、名目上の経営者には白嘉納家一族の者を立てたが、経営はそのまま伊坂家に行わせたという。前述のとおり、当時は酒問屋が酒造業者に対し強い姿勢で臨んでいた時代であったから、そのまま酒問屋を乗っ取り、白嘉納家自らが流通現場を垂直統合していくことも、選択肢としてはあり得たはずである。しかし、尚正はそれをあえて避けたようである。あくまで本業回帰。不安定な時代にあって、業容を拡大しないという堅実な姿勢を貫いたのである。

これらの堅実経営、本業回帰という施策を堅守した経営者が、かつて商品相場に手を出して当主の座を降ろされてしまった男だったという点が、実に興味深い。いや、むしろ、過去の過ちの記憶が鮮明であればあるほど、人は過去の行動を戒め、見事に変容を遂げることができるものなのかもしれない。

いずれにせよ、尚正のとった経営判断は、大成功に結び付いた。彼が当主に返り咲いた1852（嘉永5）年時点で5000貫強であった白嘉納家の資産は、1865（慶応元）年の時点では1万貫に迫る勢いで増えていた。資産をほぼ倍加させたのである。これは、米価高騰、生産制限などに耐えられなかった小規模酒造業者らの撤退により、結果的に堅実経営を続けてきた白嘉納家や本嘉納家などのシェアが高まったことも大きいといえよう。

### 幻の兵庫商社世話役にも就任

所帯が大きくなれば、為政者からの期待、要求も大きくなる。幕府は白嘉納家に対して幕末期を通じ、多大な上納金等を要求した。それに対し、白嘉納家は、黒船来航に伴う沿岸警備費用として1000両、台場の建築のために900両、江戸城本丸が焼失した際には1100両、第二次長州征伐の時にはなんと3000両もの上納金を納めているのである。

また、修好条約締結によって兵庫が開港されるに際して、西洋風な「コンペニー(company)」(≒商社)をつくって外国企業に対抗しようという先進的な取り組みが幕府主導で行われたのだが、この時、嘉納治兵衛は出資もし、世話役にも就任したのである。実際には計画段階で幕府そのものが崩壊したため、兵庫商社設立の夢は雲散霧消してしまったのであるが、これらの幕府の要求にこたえたことで白嘉納家は、1867(慶応3)年、永代苗字帯刀を許されるという栄誉を得ることになったのである。

明治の代となっても、尚正は「兵庫県市政局用達」「通商司酒造取締方」「楮幣方御用」などの要職に就いたが、彼に残された時間はもはや多くはなかった。1869(明治2)年の暮れ、惜しまれつつもその生涯を終えたのである。

しかし、激動の幕末維新期を耐え抜いた白嘉納家、本嘉納家はともにその後も繁栄を続け、現在も変わらず酒造業を営んでいる。白嘉納家のほうは白鶴酒造、本嘉納家のほうは菊正宗酒造となり、今も人々の喉と心を潤し続けているのである。

# 05 【捕えられていた勤王商人】安政の大獄と近藤茂左衛門弘方

## 幕府最後の剛腕を発揮した井伊直弼

日米修好通商条約の締結を決め、日本を本格的な開国へと導いたのは、大老・井伊直弼（いいなおすけ）である。彼が大老に就任した時、幕府は二つの大きな問題に揺れていた。一つは、この修好通商条約を締結するか否かという問題である。そして、もう一つは将軍継嗣の問題であった。時の将軍家定※は病弱で跡を継ぐべき子どももいなかったため、次の将軍を誰にするかが大きな問題だったのである。

井伊直弼ら譜代大名は、家定と血筋の近い紀伊藩主の徳川慶福（とくがわよしとみ）を推した。慶福は1858（安政5）年の時点で13歳である。これに対抗していたのが、英明との噂も高い一橋慶喜（ひとつばしよしのぶ）を推す人々である。彼らは一橋派と呼ばれていた。この中には、慶喜の実父である水戸藩前藩主の徳川斉昭や薩摩藩主・島津斉彬（しまづなりあきら）、土佐藩主・山内容堂（やまうちようどう）、越前藩主・松（まつ）

※ 徳川家定（とくがわ いえさだ）（1824〜1858）
13代将軍。12代将軍家慶の四男。生来病弱ではあったが、将軍継嗣問題最中のタイミングのよすぎる彼の死は、当時から一橋派による毒殺ではないかという見方もされていた。

平慶永（だいらよしなが）らがいた。そして、薩摩藩は西郷隆盛を、越前藩は橋本左内※らを遣わし、一橋慶喜を将軍に就任させるべく朝廷工作などを行っていたのである。

しかし、1858（安政5）年、大老に就任した井伊直弼は、剛腕とも称される力を発揮し、勅許も下りないままに日米修好通商条約の締結を決め、次期将軍を徳川慶福（後の14代将軍家茂（いえもち））に決定してしまったのである。

当然、反対派は異を唱え、さまざまな方策を使い、井伊直弼を弾劾しようとした。しかし、この反対勢力の動きに対しても井伊直弼は剛腕を発揮した。徹底的に反対派を粛清したのである。

まずは一橋派の中心人物であった水戸藩前藩主・徳川斉昭、土佐藩主・山内容堂、越前藩主・松平慶永らが謹慎や蟄居を命じられた。また、松平慶永の手足となって動いていた橋本左内は捕らえられ、後に刑死となる。西郷隆盛は逃亡後、自殺を図った。その後、一命はとりとめたが、しばらくの間遠島生活を送ることとなる。また、長州藩の吉田松陰も危険人物とみなされ、捕縛後、刑死となる。その他、反対派の公卿に対しても辞官、剃髪、謹慎などの厳しい措置がとられていった。

刑死者8名、島流しや追放処分となった者は70名以上、その他を含め100名超が処分されたといわれている。この井伊直弼が中心となった反対派弾圧事件は「安政の大獄（あんせいのたいごく）」と

※橋本左内
はしもと さない
（1834～1859）
福井藩士。藩主・松平慶永に認められ、藩の学制改革、洋学振興などに着手。雄藩連合の統一国家構想、開国と通商の促進など、開明的な人物であった。
（画像：国立国会図書館蔵）

橋本左内

呼ばれ、幕府が発揮した最後の強権行為だといわれている。

この安政の大獄で処罰されたのは、公家や大名、武士たちだけではなかった。数こそ少なかったが一般の町人でも処分を受けたものがいた。その一人が近藤茂左衛門弘方（こんどうもざえもんひろかた）である。

## 勤王の環境で育った兄弟

近藤茂左衛門弘方は、信州松本の商人である。彼の生まれ故郷を治めていた松本藩は、京都の公家と関わりが深い藩であった。藩主戸田家の祖先が藤原氏の人間であり、特に親戚関係にあたる正親町三条家※とは姻戚関係を含む強いつながりを持っていた。その関係で松本藩内の名士たちは資金を正親町三条家に拠出したり、時には京都へ出向いたり、公家の使者を自邸に泊めたりもしていた。このように松本藩内の名家と京都の公家が比較的近い関係にあったことから、松本藩では帝や朝廷を尊ぶ「尊王思想」が育つ土壌が育まれていたのである。

そういった環境にあって、近藤茂左衛門弘方は1800（寛政12）年、松本藩領である松本本町3丁目で生をうけた。実家は代々大名主をつとめる地元の名士で、家業として飛脚問屋、酒屋、薬屋を営んでいた。彼には3歳違いの弟弘素（ひろもと）がいたが、彼は後に伊那（いな）郡山本村の旗本の家老を務める久保田家の養子となり家督を継ぐ。つまり、武士となるわけである。

※正親町三条家
おおぎまちさんじょうけ
公家の家格で3番目に高い大臣家の一つ。1870年に家名を「嵯峨」に変更し、現在まで続いている。

松本藩の名士が京都の公家と関係が深いことは前述したとおりであるが、近藤家の場合は、飛脚問屋をしていた関係で京都の公家との交流がより頻繁であった。また、近藤茂左衛門弘方らは、歌人であった父の影響もあり和歌や国学も学んでいたという。さらに、水戸藩の御用達となり麻糸を納めていた関係から、尊王攘夷派の急先鋒である水戸藩の人々とも触れ合う機会が多かった。このような環境下、彼ら兄弟が尊王攘夷の思想に浸っていったのは当然の出来事だったといってもよいだろう。

先に政治的な活動をはじめたのは、弟弘素のほうであった。彼もしばらくは武士として飢饉にあえぐ領民のために懸命に働いていたのだが、後に主家といさかいを起こし江戸へと出奔。1844（弘化元）年、42歳の頃という。江戸に出てからの彼は、長年住んだ村の名前をとり「山本貞一郎」と名乗ることになる。

江戸の町で、彼は他の武家に仕えたり、兵学と書道の塾を開いたりして糊口をしのぎながら、幕府に対して建白活動をはじめている。元商家の息子らしく商品の流通を改善するために問屋の設立や運河の開削などを上申したほか、黒船来航後には異国船来襲に備えるための海防強化に関する建白も行っている。地元で貧窮にあえぐ民の姿を目にしながら尊王攘夷の思想を身につけていった彼らしい発想であるといえよう。

### 尊王攘夷に走った二人を待っていたものは……

やがて運命の1858（安政5）年を迎える。この年、大老となった井伊直弼が、前述のように一挙に将軍継嗣問題を片付け、勅許を得ぬまま日米修好通商条約を結んだ。そして、この朝廷をないがしろにする行為に異を唱えた水戸藩前藩主・徳川斉昭らが隠居、謹慎処分を受けたのである。

この一連の動きに尊王思想の強い山本らは怒りを覚えたに違いない。そして、山本は江戸へ出ていた近藤と会う。近藤が水戸藩御用達商人であるという立場を利用し、謹慎中の徳川斉昭との面会を果たしたのである。この時彼らは、朝廷を動かし、井伊直弼を罷免させることや水戸藩に攘夷実行の勅書を下させることなどを主張。徳川斉昭の奨励を得て、これを実行させるべく、山本は書家、近藤はその従者になりすまして京都へ向かうこととなった。

彼らはつきあいのあった文化人らの伝手を得ながら、近衛忠熙（このえただひろ）や三条実美（さんじょうさねとみ）らの公卿に面会。自説を語り、他の尊王攘夷派の志士たちとともに朝廷を動かすことに尽力した。結果的に井伊直弼罷免まではかなわなかったのだが、水戸藩に対し攘夷決行の勅書（ちょくしょ）（戊午（ぼご）の密勅）を下させることには成功したのである。

ところが、この勅書は、別の意味で歴史を動かすことになる。密勅のことを知った大老井伊直弼が、幕府を通り越して朝廷から藩に直接勅書が下ることなど言語道断、と怒り心頭に発し、反幕府の動きを見せた尊王攘夷派の志士たちの弾圧、すなわち安政の大獄をはじめたのである。つまり、近藤、山本らの画策で実現した戊午の密勅が、安政の大獄の引き金となったわけである。

こうして、近藤、山本らは、幕府から狙われるようになった。山本貞一郎は、しばらく追っ手から逃れるべく逃走を繰り返した。しかし、病に侵され体が弱っていたこともあったのだろう、やがて逃亡を断念。服毒自殺を遂げた。辞世の句は「散ることはかねて習ひしものなれば何か恨みん春の山嵐」であったという。ただし、山本の最期に関しては病死とする説もある。

一方、近藤茂左衛門弘方のほうは、山本の死後も逃亡を図ったのだが、ついに大津にて捕縛されてしまう。1858（安政5）年9月5日のことである。幕末関連書籍では、安政の大獄で最初に逮捕されたのは若狭小浜（おばま）藩士・梅田雲浜（うめだうんぴん）だとしているものが多いが、実際には、近藤茂左衛門弘方のほうが数日早く捕まっている。安政の大獄でもっとも早く幕府の捕吏の手にかかったのは、武士ではなく、信州松本の一商人だったのである。

捕縛された近藤茂左衛門弘方は、まずは京都の獄に送られ、年末には江戸の獄舎につながれた。獄にいる間、厳しい拷問を受けたため、足腰が不自由になってしまったという。1年以上も獄暮らしが続いた後、1859（安政6）年に断罪があり、近藤には「中追放」がいいわたされる。これは家財や土地の没収、および江戸10里四方からの追放という処分である。処刑や島流しなどの処分を受けるものが多かった中では比較的軽い処分にも思われるが、これは、主体となって活動していたのは弟の山本のほうであって、近藤はその補佐に回っていたと判断されたためと思われる。

処分を受けた近藤は、知己を頼り、越後国（現在の新潟県）に居を移す。この地でしばらく医者などをして過ごしたのである。その時、松本にあった家財や田畑などの財産は没収され、子どもたちは自宅の牢につながれることとなったという。

## その後の井伊直弼と近藤茂左衛門弘方

近藤茂左衛門弘方が越後で寂しい暮らしを送っていた頃、再び政局は大きく動いていた。力は力でねじ伏せられたのである。幕府大老・井伊直弼が、1860（万延元）年、駕籠に乗って登城中のところを、水戸藩らの浪士に襲われ、その生涯を終えることになったのだ（桜田門外の変）。暗殺等の暴挙によって歴史の流れを大きく変えることはできない、とはよくいわれることだが、この事件に限っては、時代の趨勢を大きく変えることになった。幕閣最高の地位にあった大老が白昼堂々暗殺され、幕府の権威は地に落ちたのである。

これにより井伊直弼の方針に異を唱えていた尊王攘夷派らは勢いを増し、この後、外国

井伊直弼

井伊直弼肖像画
（画像：国立国会図書館蔵）

人の排斥や攘夷活動に反対する者らの粛清がはじまるのである。それら尊王攘夷活動の中心的存在となったのが、安政の大獄により刑死となった吉田松陰の教え子たちを含む長州藩の志士たちであった。

一方、罪人として厳しい生活を送りつつ、近藤茂左衛門弘方は生き抜いていた。絶望的な状況の中でも、希望を捨てなければ明るい光も見えてくるものなのである。1862（文久2）年、薩摩藩国父・島津久光や一部の公家らの活動によって、多くの一橋派、尊王攘夷派の人々が復権を果たすこととなり、近藤も赦免され、故郷松本へと帰ることが許された。しかし、没収されていた家財や田畑が彼の手に戻ったのは、明治の代になってからのことである。この時、近藤茂左衛門弘方もすでに齢70となっていた。

それからは政治や経済から一切手を引き、かねてより好きだった和歌などに親しみながら楽隠居の日々を送ったという。彼の死は1879（明治12）年、80歳の時である。新潟での生活や復権後の隠居生活の間、変わりゆく世間の姿を横目に見ながら、安政の頃の活躍がまるで幻であったかのような平穏な生活を送りつつ、近藤茂左衛門弘方は、いったい何を思っていたのだろうか。

# 第二章 尊王攘夷の時代を駆け抜けた商人たち

# 06 【義に生き奇兵隊に入隊した商人】攘夷の旗手・長州藩と白石正一郎

## 尊王攘夷の中心的役割を果たした長州藩

桜田門外の変が起きた1860（万延元）年から1863（文久3）年頃にかけて、いわゆる尊王攘夷活動が活発化する。安政の大獄で劣勢にあった尊王攘夷派が息を吹き返し、テロ活動を頻繁に行ったのである。彼らは外国人やその施設、および敵対する人々を襲撃し、時には死に至らしめた。特に帝のいる京都は尊王攘夷派が集結する地となり、暗殺事件が頻発する。京都を中心に世情はますます混沌としていったのである。

この頃、尊王攘夷派の中心※となっていたのは長州藩である。藩を治める毛利家は、関ヶ原の戦いの際に西軍の総大将を務めた関係で、徳川家康に大きく領地を減らされている。この時の恨みが、250年の時を経ても長州藩士のDNAに深く刻み込まれていたともいう。

また、安政の大獄の際、幕府によって処刑された吉田松陰の門下生・久坂玄瑞（くさかげんずい）、高杉晋作（しんさく）

※尊王攘夷派の中心
当初尊王攘夷派の中心は水戸藩であったが、藩内で内部分裂が起こったり、天狗党の乱などで大量の志士が処刑されたりといった事件が起こったために、その勢力は徐々に弱体化。代わって長州藩が台頭してくるようになった。

らが藩内で力をつけてきたことも大きい。彼らは、朝廷の意向を無視して開国へと走った幕府に反抗する姿勢をとり、イギリス公使館焼討事件などの攘夷活動を行うとともに、三条実美ら攘夷派の公家を味方につけて幕府に攘夷決行を迫るなどの活動を行っていたのである。

1863（文久3）年3月、これら攘夷派の催促に抗しきれず、ついに14代将軍・家茂※が自ら朝廷のお膝元・京都に上洛することが決定。さらに、京都においても攘夷派の圧力に抗えず、攘夷を決行することを約束してしまう。決行の日は5月10日と定められた。

やがて運命の5月10日が訪れる。長州藩は関門海峡を通航中のアメリカ商船に、いきなり砲撃を加えたのである。中心的役割を果たしたのは、高杉晋作とともに「松下村塾の双璧」と呼ばれた久坂玄瑞である。この日、約束どおり攘夷を決行したのは、長州藩だけであった。その後も長州藩は23日にフランス軍艦、26日にはオランダ軍艦に砲撃を加えている。

しかし、欧米列強も黙っているはずはなかった。6月1日、先日の攘夷活動の報復のためにアメリカ軍艦が下関にやってきたのである。圧倒的な戦力を誇るアメリカ軍艦は、長州藩の軍艦2隻を撃沈させ、下関にも砲撃を加えた。さらに、5日にはフランス軍艦が現れ、下関の町を襲った。砲台は攻撃され、台場は占拠されてしまったのである。一時的とはいえ西洋軍により日本の領土が占拠された最初の例といえよう。

こうして西洋諸国の力を目の当たりにし、一敗地にまみれた長州藩の志士たちであった

※ 14代将軍・家茂
この時、将軍位にはかつて井伊直弼の剛腕により将軍継嗣が決められた徳川慶福が就任しており、家茂と名をあらためていた。

が、新しい世をつくるという大志がくじけることはなかった。そして、そんな志士たちを支援していったのが、長州の廻船業者・白石正一郎である。

## 志士たちの集積地となった白石邸

白石正一郎は、1812（文化9）年、下関の豪商小倉屋の長男として生まれた。現在、観光名所となっている彼の邸跡の前には国道が走っているが、当時はそこに海岸線があったという。邸を一歩出ると海が見渡せる、海の豪商にふさわしい家だったのである。この邸が後に歴史を大きく変える舞台になることなど、若き頃の正一郎には想像することすらできなかったのではないだろうか。

先ほど白石家のことを「長州の廻船業者」と紹介したが、厳密には彼は長州藩に仕える身ではなく、長州藩の支藩である清末藩の御用商人であった。より正確にいえば、清末藩は長州藩の支藩である長府藩から、さらに分かれたわずかに一万石の小藩である。

そのような弱小藩の御用商人であったがために、白石家は蝦夷地等との交易を大々的に行う北前船※事業などに乗り出すことはできず、関門海峡を結ぶ廻船業者にとどまることしかできなかったという。そういった面から、若き頃より正一郎の心の中に、長州本藩や幕府など中央政府に対する反逆の心が芽生えていったのではないかともいわれている。

---

※ 北前船　きたまえぶね
日本海、瀬戸内海を通って北海道と大坂を往来した廻船。越前、加賀などの船が使われ、西では米、塩、酒、北では昆布やニシンなどを仕入れた。

さて、一般に、商家には「出入り」が多いものである。商品や金銭はもちろん、人が多く出入りする。諸国から人が集えば、そこは情報の集積地となり、集まった情報欲しさに、また人が集まる。こうして江戸時代の商家は一大情報センターとしてますます発展していくようになる。ましてや、下関という交通の要衝にあり、廻船業者を営む白石家にはたくさんの人と情報が集まってきた。商人はもちろん、武士や学者などさまざまな人の出入りがあった。

その中の一人である国学者・鈴木重胤（しげたね）に触発された正一郎は、やがて門人となり、熱心に国学に励むようになる。そんな彼の心に尊王攘夷の思想が芽生えていったのは、近藤茂左衛門と同様、当然のことだったのかもしれない。

面倒見がよかったという彼のもとには、尊王攘夷派の志士たちも多く訪れた。1857（安政4）年11月には、ひときわ大柄な男が訪れた。薩摩の西郷隆盛である。二人はすっかり意気投合。翌年には正一郎も薩摩へ行き、薩摩と長州との交易の話も成功させている。

しかし、この時、実際の交易は長州藩の御用商人が担当することになり、薩長の間を取り持った白石家はトンビに油揚げをさらわれたような形になってしまう。正一郎の心で反中央政府の気概はますます強くなっていったことであろう。

その後も彼の邸にはさまざまな志士が訪れる。長州藩士はもちろん、薩摩藩の大久保利通や土佐藩の坂本龍馬など、その後の日本を大きく変えていく幕末維新の主役たちが皆、彼の世話になっているのだ。彼の日記に登場するだけでも400人以上の志士たちとの交流が認められるという。

**運命の出会い**

1863（文久3）年6月は、先述のように、異国船の報復に遭い下関が大きく荒れた日々であった。二度目の報復を受けた5日の日の正一郎の日記にも「前田ノ台場大砲損ジ夷人（いじん）バッテーラ（ボート）ニテ上陸」「人家焼亡等大騒動ニ相成（あいなり）」などとある（※括弧内およびふりがなは著者挿入。以下同）。

その翌日、白石の邸に、短躯（たんく）ながら堂々とした存在感を示す男が訪れてきた。長州藩士・高杉晋作である。その日の正一郎の日記には淡々と「今夜及深更高杉晋作君出関此方へ止宿（今夜遅く高杉晋作君が下関に来て我が家へ宿泊した）」とあるだけだが、この日、高杉は大いなる構想を語り、正一郎はその話に大いに感銘を受け、支援を約束したはずである。

今回の異国船の襲撃によって西洋諸国の圧倒的な強さと長州藩正規兵の弱さを実感した高杉は、この事態を打開するためには、まったく新しい発想で長州藩の軍備増強を図らなければならないと考え、藩の軍事改革に思いをめぐらしたという。

その結果、思い至った構想こそ、武士のみならず農民や町民でも志さえあれば自由に参加できるという民兵組織「奇兵隊」の結成である。この試みは、身分制度の整った江戸時代において、実に画期的なことだったといえよう。

高杉の大胆な着想と、正一郎の支援をもって、白石邸にて産声をあげた奇兵隊には、わずか4日後の6月10日の時点で60名が参加。すぐに300名の大所帯に膨れ上がったという。そして、その中には白石正一郎自身と弟の廉作の姿もあった。白石は奇兵隊隊士として、また会計方として尽くすとともに、隊士たちの金銭的な世話も惜しまなかった。働き盛りの若者たち数百名の生活費となると、その額はとてつもないものになったはずである。しかし、正一郎は、奇兵隊の活動のために、惜しみなく私財を投入していったのである。

奇兵隊創設者・高杉晋作

## 白石正一郎を襲った苦難の日々

ところが、その後の正一郎には、辛い日々が続いていく。奇兵隊の結成からわずかに4カ月後、攘夷派の挙兵活動である生野の変※に参加した弟の廉作死去の報が届いたのである。当時の日記に「但州ニテ廉作ナト割腹ト承ル」「(その翌日の) 十一日三田尻社人荒瀬河内へ頼ミ廉作

※生野の変
いくののへん
長州に逃れた七卿の一人・沢宣嘉を擁した、尊攘派と但馬国生野の豪農による反幕府運動。3日で鎮圧されたものの、これ以降、倒幕挙兵運動が相次ぐようになった。

ノ神霊ヲ祭ル」とだけ淡々と綴られている中に深い感傷の情を見る思いがする。

もう一つの不幸は、正一郎の身に直接降りかかってきた。奇兵隊をはじめ志士たちに過大な援助を続けてきたために、白石家の財政が極端に悪化。借財がたまり、小倉屋は倒産寸前にまで追い込まれたのである。1865（慶応元）年の日記にも、借財がたまっているのが噂になっていると記され、それを心配した高杉晋作が、長州藩に対し、白石家の面倒を見てやってほしいと語ってくれたらしいことが記載されている。しかし、来るべき幕府との戦いに備えつつあった長州藩には、白石家を守る余裕すらなかったのであろう。高杉の願いがかなえられることはなかったのである。またしても中央政府と正一郎の間には深い溝ができたままであった。

## 白石正一郎、最後の仕事とは？

しかし、どんなに借財がたまろうと、長州藩からの援助がなかろうと、白石正一郎は志士たちを支援し続けた。それどころか、ひとたび幕府との戦いがはじまれば、正一郎は一兵士として戦にも参加していったのである。

やがて、長州藩を中心とした新政府軍が勝利して、江戸幕府は崩壊。明治の代が訪れた。白石正一郎や高杉晋作ら多くの志士たちの思い描いた新しい時代が到来したのである。しかし、維新の功労者ともいうべき白石正一郎率いる小倉屋は、ついに倒産の憂き目に遭う。彼はその事実を甘んじて受け入れたようである。

明治政府の中枢にいたのは、旧薩摩藩士の西郷隆盛、大久保利通や旧長州藩士の木戸孝允（桂小五郎）、伊藤博文、山縣有朋、井上馨たちであり、彼らはすべて多かれ少なかれ白石正一郎の世話になった人々である。それなのに、新政府は正一郎を救いはしなかった。

いや、ひょっとすると、正一郎のほうから援助の申し入れ等を断ったのかもしれない。事実、かつて面倒を見た奇兵隊士から上京の誘いがあった時も、正一郎は固辞しているのである。

その後、白石正一郎は、どうしたのであろうか。1877（明治10）年、なんと彼は、神に仕える身となる。地元下関にある赤間神宮※の宮司となったのである。この赤間神宮は、源平合戦の折、幼くして下関（壇ノ浦）で入水、崩御された安徳天皇ゆかりの宮。下関の海に生き、尊王の志を貫いた白石らしい決断だったともいえよう。

新しき世を願い、多くの志士たちを支援したばかりでなく、自ら戦場にも赴いた白石正一郎。その激動の生涯が嘘のように、晩年は清らかな生活を送り、1880（明治13）年8月31日、享年69歳で、その生涯を静かに終えたのである。

---

※赤間神宮
元は「阿弥陀寺」といい、隊士が増えて白石邸が手狭になってからは奇兵隊の本拠地となった場所でもある。

# 07 【会津の山本覚馬と取引した異国人】佐幕派の雄・会津藩とカール・レイマン

## 京都の治安維持を担った幕府の切り札

尊王攘夷派が跋扈（ばっこ）し、風雲急を告げる京都の町の治安を守るために抜擢されたのが、陸奥国若松（わかまつ）（現在の福島県会津若松市）に藩庁を置く会津藩であった。

会津藩は、かつて2代将軍・徳川秀忠の隠し子である保科正之※が藩主を務めていたこともあり、幕府を助ける佐幕派の代表格として知られた藩だったのである。幕府は、会津藩が京都の治安を守ってくれることに大きな期待をかけたに違いない。

しかし、当の会津藩にしてみれば、尊王攘夷派の矢面に立つ危険をあえて冒すことになる。まさに火中の栗を拾う、といった状況である。そのような危険を冒すことに対しては会津藩内にも反対の声があったという。家老の西郷頼母（たのも）などは公然と反対意見を表明したのだが、その諫言が叶うことはなかった。1862（文久2）年、京都守護職に

※保科正之
ほしな まさゆき
（1611〜1672）
3代将軍家光の異母弟。家光死後、4代将軍家綱の後見を務めた。藩内では朱子学を重んじ、殖産興業や新田開発に着手した。

任じられた会津藩主・松平容保（まつだいらかたもり）は、１０００名の藩兵を率い、暗雲渦巻く京都へと入ったのである。

それからしばらく、会津藩は次項で述べるように配下に新撰組を従え、京都の治安維持に努め、尊王攘夷派によるテロ行為などを未然に防ぐべく努力を重ねていくことになる。しかし、時代が下るにつれ、質実剛健でならした会津藩の装備等が、対立する長州藩等と比べて著しく劣っていることが露（あら）わになっていく。開国は、各藩における武器装備の状況にも大きな変化を与えていたのである。

そこで、会津の武器装備の革新のために尽力したのが、かつて佐久間象山の私塾で洋学等を学んでいたこともある山本覚馬であった。そして、山本覚馬による会津藩の武装強化に手を貸したのが、ドイツ人カール・レイマンである。

### 造船技師に届いた想定外のオファー

会津藩と武器取引をしたカール・レイマンは、実は商人として来日した人物ではない。本来は、造船技師として来日した人物なのである。しかし、運命の皮肉は、彼を商人に変え、いくつかの出会いを経て、日本の歴史にその名を残すことになったのである。

カール・レイマンは１８３１年、ドイツ北西部のオルデンブルクの地で生まれている。

より正確には、当時まだドイツ帝国は発足していないから、プロイセン王国内のオルデンブルク大公国の出身というべきであろう。

彼はオルデンブルクの地で控訴裁判所上級法律顧問官などを務めたアドルフ・A・レイマンの息子として、弟のルドルフらとともに快活な少年時代を過ごしたという。やがて成育した彼は、造船の技術を学ぶようになる。そして23歳の年には、彼のおじがアメリカにいたこともあり、メイランド州のボルチモアに赴任。造船所にて1年間、その技術を学ぶことになる。

ちなみに、カール・レイマンが渡米した年は1853（嘉永6）年。ペリー率いる黒船が浦賀に現れ、日本を混乱に陥れた年である。吉田松陰や濱口梧陵ら多くの日本人を驚かせた巨大なアメリカ軍艦が日本に訪れた年に、彼は当のアメリカ船を造る現場の最前線に立っていたことになる。

アメリカでの修行を終えたカール・レイマンは、今度はヨーロッパへと戻り、オランダのロッテルダムで造船所のディレクターとなる。この地で彼はしばらくの間、一流の造船技術者として活躍することになるのである。

1861（文久元）年、彼に転機が訪れる。彼のもとに、オランダ東インド会社を通じて、とあるオファーが届いたのである。そのオファーは、極東の島国日本からのものであった。政府（幕府）が設立する造船所のチーフエンジニアとして力を貸してほしい、というものである。突然のオファーに驚きもあったろうが、結果的にカール・レイマンはこの申し出を受け、日本の造船所で働くことを決めたのである。

カール・レイマンが長崎に到着したのは、1862（文久2）年春のことであった。奇しくも、会津藩主・松平容保が京都守護職の命を帯びて上洛したのと同じ年である。

彼が働くこととなるのは、立神軍艦打建所（造船所）というところになるのだが、彼が到着した当時、その造船所はまだろくに形となってはいなかった。なにしろ、幕府が造船所建設に本格的に取りかかったのは、翌年のことなのである。

とりあえず、カール・レイマンは、出島にあるオランダの施設にとどまり、可能な限り関係者に造船技術を伝えるなどの準備をしていたようだ。しかし、少しずつ動き出したとはいえ、造船所の設備等は実に貧弱なものであった。2年後の1864（元治元）年にも、カール・レイマンが長崎奉行に対して機械の不足等を訴えている記録が残っている。

結局、1865（慶応元）年、カール・レイマンの雇われていた造船所は資金不足等に陥り、実績が伴わないまま閉鎖に追い込まれる。彼は失業してしまったのである。通常なら、オランダかドイツに帰って再び造船技師として働くところであろう。しかし、彼は、この異国の地で新たな職を見つけることにしたのである。それには理由があった。彼はこの間に日本人の妻と結ばれ、二人の間には、可愛い娘まで生まれていたのである。

## 商人カール・レイマンを訪ねた武士とは

1866（慶応2）年、カール・レイマンは、同じドイツ（プロイセン）人のオスカー・ハミルトンとともに、「レイマン・ハミルトン商会」を設立する。きな臭い事件が激発した幕末の世にあって、幕府も諸藩も西洋の進んだ文明、とりわけ武器等を競うように求めていたので、それらの売買に乗り出すことが得策と踏んだのであろう。次章で語るグラバー商会が、長州藩など反幕府の姿勢を示した諸藩との取引を得意としていたのに対し、レイマン・ハミルトン商会は、主に幕府や御三家の一つ紀州藩や会津藩など親幕府派の藩との取引に従事していた。その事実も、カール・レイマン自身が、幕府からのオファーにより日本に来たという経歴を考えれば当然といえるかもしれない。

ある時、このレイマン・ハミルトン商会を一人の武士が訪れた。会津藩士・山本覚馬である。山本覚馬は、会津藩校で洋学の教鞭をとったり、上洛後も砲兵隊を指揮したりと、会津藩の近代化に大きな貢献を果たしてきた人物である。

彼にはかねてより懸念があった。前述のように、会津藩は京都の治安を守るという任につき、尊王攘夷派の矢面に立っている割には、その軍備が旧式だったことである。しかも、長州藩ら反幕府の姿勢を見せはじめている藩は、既に軍備の近代化に着手しているという。もし、このまま長州藩らと武力衝突する時が来たら苦戦するのは間違いない。しかも、海外から武器を調達するには、船便で1年くらいはかかるであろう。

熱心な覚馬の説得等により、ようやく保守的な会津藩首脳も重い腰をあげた。軍備近代化のための新式銃購入の許可が下りたのである。こうして、山本覚馬は、最新式の銃を購入するためにレイマン・ハミルトン商会を訪れ、カール・レイマンと直接面談したのである。

この時、覚馬とカール・レイマンは商談をしただけでなく、さまざまな点で情報交換を盛んに行ったようだ。後に、覚馬が記した書物の中に、次のような一節がある。「余曾テプロイスの人レーマンに聞ク。アメリカニテハ器械ヲ以テ田ヲ耕シ、二人ニテ七十人程ノ働キヲナスト。」

会津藩士・山本覚馬

おそらく、カール・レイマンが、ただの商人ではなく、西洋科学技術の最先端にあった技師であったこと、自国のみではなく、広くアメリカやオランダなどで見聞を広めてきたことなどが、洋学好きの覚馬の琴線に触れたのであろう。主たる要件である武器、軍備のことだけでなく、このような農業等に関わることまで、西洋に関する知識をカール・レイマンから得ていたようである。

**念願の武器購入。ところが……**

その後、カール・レイマンと山本覚馬らは、長崎から神戸に移動。その地に会津藩重臣も同席し、商談が進められた。その結果、1000挺もの銃を売買することが決まったという。1867（慶応3）年、春のことである。

この時、発注されたのは元込式の銃であったという。銃口から弾丸を入れる先込式の銃では、一度に1発しか撃てないが、元込式の銃であれば、7連発も可能になる。これがあるとないとでは、戦力に大きな差が出るのはいわずもがなであろう。会津藩の軍備の遅れに業を煮やしていた覚馬もようやく胸をなでおろすことができたのではないだろうか。

しかし、結果的にこの発注は遅すぎた。同年、大政奉還により江戸幕府は崩壊。旧幕府軍と長州藩ら新政府軍の対立が本格化し、ようやく到着した銃は新政府側に押さえられてしまったのである。しかも、この時、京都にいた山本覚馬は新政府軍に捕えられ、長く幽閉の憂き目に遭う。その後、旧幕府軍と新政府軍の争いは会津本国へと持ち越されるのだが、その戦に覚馬は参戦することができなかったのである。

その代わりに、会津の地で懸命に戦ったのが、覚馬の妹八重※であった。女だてらに最新式の銃を操っていた彼女が持っていたのは、覚馬がカール・レイマンから譲り受けたものだったともいわれている。

## 明治の代のレイマンと覚馬

一方、会津藩等から注文を受けたカール・レイマンは、銃の調達のために、母国ドイツへと渡り、業務を遂行していた。彼が再び日本の地を踏んだのは1868（明治元）年秋のこと。旧幕府軍と新政府軍との争いも終わりに近づき、新しい明治の代がはじまった頃のことである。

会津藩主・松平容保（国立国会図書館蔵）

それ以降もしばらくレイマン・ハミルトン商会は、本拠地を関西に移しつつ、営業を継続していく。1869（明治2）年には、同じく造船技師となっていた弟のルドルフ・レイマンを呼び寄せ、蒸気船の建造等にも着手

※ 新島八重　にいじま やえ（1845〜1932）
同志社創立者・新島襄の妻。旧姓山本。会津藩砲術師範の家に生まれる。会津戦争後、兄の山本覚馬を頼り京都へ。同志社の学校設立を支えた。夫の死後、日清日露戦争に篤志看護婦として従軍。一般女性として初の勲章を受けた。

したという。

こうして新しい明治日本で生き抜いていたレイマン兄弟に、新たなオファーを与えた人物がいた。山本覚馬である。覚馬は、明治になって京都府の顧問、京都府会初代議長らを歴任。また、妹八重の夫である新島襄（にいじまじょう）を支え、同志社（大学）の創立に尽力してもいる。覚馬は、レイマン兄弟に、京都および日本の近代化のための顧問としての協力を依頼したのである。

この後、カール・レイマンは結核となり、1873（明治6）年に帰郷。翌年、44歳の若さで亡くなっている。しかし、弟のルドルフは、その後も造船などの技術と外国語指導等に功績を残した。我が国初といわれる和独・独和辞典の編纂、京都私立独逸学校（京都薬科大学の前身）の設立、また日独文化交流などにも従事。日本政府より勲五等双光旭日章※が授与され、1914（大正3）年、日本の自宅で逝去。長きにわたり日本の近代化に貢献したのである。

---

※勲五等双光旭日章
くんごとうそうこうきょくじつしょう
6等級ある旭日章の5番目に位置する勲章。旭日章は国、公共に対して功労のある者に授与された。現在の旭日双光章にあたる。

08

【天下の大豪商は新撰組のスポンサーだった！】

# 新撰組と10代鴻池善右衛門幸富

## 新撰組誕生！

治安の悪化していた幕末の京都にあって、尊王攘夷派の志士たちとわたりあい、恐れられた剣豪集団「新撰組」の名は、多くの人に知られるところである。その新撰組誕生のきっかけとなったのは将軍家茂の上洛である。

攘夷決行を促され、１８６３（文久３）年に上洛することとなった将軍の警護部隊として結成されたのが、新撰組の前身「浪士組」である。発起人は庄内藩郷士の清河八郎(きよかわはちろう)であった。彼の発案に幕府が呼応し、江戸近在の浪士ら腕自慢を集め、浪士隊は結成されたのである。その中に、江戸の剣術道場試衛館(しえいかん)道場主の近藤勇、その盟友・土方歳三、門人・沖田総司などの顔ぶれがあったわけである。

将軍上洛の前月、江戸小石川の伝通院(でんづういん)に集まった２３０余名の浪士らは、約半月掛けて

清河八郎

新撰組結成のきっかけをつくった清河八郎
（画像：国立国会図書館蔵）

京都に入った。しかし、その夜、思いもよらぬことが起きる。浪士組発起人の清河八郎が、浪士組結成の真の目的は尊王攘夷活動にあり！　とその真意を告げたのである。彼は浪士組を率い、朝廷を味方につけて尊王攘夷活動を行おうと画策していたのである。しかし、その活動は幕府の知るところとなり、浪士組は江戸へと返されることになってしまう。

しかし、そんな中、当初の予定通り京都に残り、ご公儀のために治安維持活動を担おうという意気込みを持った男たちがいた。それが近藤勇ら試衛館の門人とそこに出入りしていた剣客たち、そして水戸浪士・芹沢鴨（せりざわかも）らの一派であった。彼らは京都守護職である会津藩主・松平容保を頼り、会津藩配下の治安維持部隊として京都に残ることを許されたのである。当初の名前を壬生（みぶ）浪士組という。芹沢鴨、新見錦（にいみにしき）、そして近藤勇の三人が局長となった。筆頭局長は芹沢鴨である。

こうしてできた新撰組（壬生浪士組）を財政面で支えたのが、天下の豪商・鴻池善右衛門（ぜんえもん）である。

## 酒造業からはじまった豪商鴻池

鴻池家は、主君尼子（あまご）家の再興のために命を捧げた山中鹿介幸盛※を先祖とする、江戸時代を代表する商家である。鹿介の長男新六は、父の死後、苦しい生活を強いられ、関ヶ原の

※ 山中鹿介幸盛
やまなかしかのすけゆきもり（1545?～1578）
「願わくは我に七難八苦を与え給え」と月に祈ったというエピソードでも有名。尼子家再興という志を遂げることができないまま無念の最期を遂げたが、長男の新六幸元は大叔父のもとに預けられ辛うじて戦国の世を生き抜いた。
（画像：国立国会図書館蔵）

戦いの頃には、武士の道を捨て酒造業を営みはじめたという。彼の住んでいた摂津国鴻池（現兵庫県伊丹市）付近は酒造業の盛んな地でもあったのである。

新六は一風変わった方法で酒を売り出した。多くの酒屋がどぶろく（濁り酒）を製造、販売していたのに対し、新六は、清酒を製造、販売したのである。この清酒が美味いと評判になり、新六は商人として大成功を遂げ、やがて海運業や金融業（大名貸）などもはじめることとなる。

その後、新六の八男正成（まさしげ）が鴻池善右衛門を名乗り、以降、この家の当主は善右衛門を襲名することになる。三代善右衛門宗利（むねとし）の時代には、本拠地を大坂今橋に移し、同時に酒造業、海運業からは手を引き、両替商や大名貸といった金融業に軸足を移しながら、新田を開発し、農業経営にも乗り出すことになる。この経営方針は幕末まで続き、天下に名を響かせる大商家へと成長する。76もの藩と取引をし、長者番付の最高位を飾るようになったのである。鴻池の本拠地今橋は繁栄し、「日本の富の七分は大坂にあり、大坂の富の八分は今橋にあり」という言葉まで生まれていった。

幕末期の鴻池当主である10代善右衛門幸富（ゆきとみ）が生まれたのは、１８４１（天保12）年のことである。生まれたのは当主の家ではなかったが、数えで6歳の時に本家に養子に行き、その5年後には養父の死去を受けわずか11歳で家督を相続している。その翌々年、ペリー

山中鹿介

が来航。幕末の世が幕を開けることになる。

当時の鴻池家は大名貸などの金融業が家業の中心となっていた。この大名等との取引にはメリットもある代わりに、リスクも相当大きかった。

メリットとしては、まず、安定した利子収入が得られることにある。また、各藩から武士同様に俸禄を与えられることもあった。事実、10代善右衛門幸富が家督を相続した際には、すぐに各藩からこれまで同様の俸禄等を与える旨のお達しがあったほか、翌年には、広島藩から米300俵の加増、信州上田藩から銀加増がいいわたされている。大名のほうでも信頼のおける両替商と取引を継続していきたいという意図があったことが、こんなところにも表れているといってよいだろう。

ただし、大名相手の商売にはリスクも大きかった。まず、貸した金が返ってこない可能性がある。突然に借金棒引きが言い渡されたり、貸した大名が改易になってしまうことがあったりもした。商人のほうでも、大名貸は元金が返ってこないものと考え、利子で儲ける、という気持ちで貸し出していたともいわれている。

また、大商人に対しては、幕府からの上納金等の要求も増えてくる。ペリー来航以降の世情不安に伴い、その額が軒並み上昇していったのは、これまで幾人かの商人の例で見てきたとおりである。しかも、商人から金をせびろうとしていたのは、幕府だけではなかった。新撰組初代局長・芹沢鴨が、鴻池から200両もの借財を強要。やむなく鴻池は、この要求に従ったという。

## 鴻池は新撰組のスポンサー？

この新撰組筆頭局長・芹沢鴨は、大変評判の良くない男であった。酒癖が悪く、素行も乱暴で、商人に金をせびり、うまくいかないと大砲を放つといった狼藉まで行ったといわれている。しかし、この後、新撰組の内部で大きな変化が訪れる。新撰組の評判を落としていた芹沢鴨が近藤らの手により粛清されたのである。酒に酔って寝ているところを土方歳三、沖田総司らによって暗殺されたのだ。この暗殺事件の黒幕は会津藩主・松平容保だともいう。芹沢が問題を起こす度に、その責任を問われたため、ついに堪忍袋の緒が切れ、近藤らに粛清を依頼したのだといわれている。

こうして芹沢一派が粛清され、新撰組は局長・近藤勇、副長・土方歳三以下一枚岩の組織となり、尊王攘夷派の志士たちに恐れられる存在となっていく。そして、その後も新撰組は、鴻池家から借財を重ねたようであるが、それは芹沢鴨の時とは違い、良好な関係から生まれたものだったといわれている。

こんな話も伝わっている。とある日、素行の悪い浪人たちが鴻池家に押し入り、大金

新撰組局長の近藤勇（左）と副長の土方歳三（右）

をせがんだという。その時、鴻池善右衛門は遣いを出し、新撰組に救済を求めたのだ。急を聞きつけた近藤勇はすぐさま、土方歳三らを派遣。無事、窮地を救ったというのである。この時、助けられた鴻池善右衛門は、感謝の印として名刀「長曽祢虎徹」を贈ったという。この虎徹は、近藤勇お気に入りの愛刀となる。新撰組は、その後、多くの志士たちを成敗した「池田屋事件」などで名を馳せるのであるが、その時も近藤勇は、この虎徹を手にして奮闘している。

もっとも、近藤の虎徹の入手方法に関しては異説も多く、偽物説も強い。とはいえ、このような話がまことしやかに伝わっているということは、鴻池と新撰組が蜜月の仲になっていたという証拠といえるかもしれない。

特に新撰組が池田屋事件で名を馳せてからは、彼らの腕前に上方の治安維持の期待が寄せられたということもあるのであろう。新撰組からの借財も増え、鴻池は新撰組のスポンサーとも評されるようになるのである。

## その後の新撰組と鴻池家

しかし、時代の流れは、新撰組、鴻池家の両方に逆風を吹かせていった。やがて大政奉還が行われ、幕府が崩壊。旧幕府軍と新政府軍の戦いがはじまると、新撰組は旧幕府側として奮戦するも敗北を重ねていく。新撰組は瓦解し、近藤勇は新政府軍に捕えられ、処刑される。その首は京都三条河原でさらし首となった。

その後、旧幕府軍と新政府軍の戦いは北上し、旧幕府軍は最後の望みをかけて箱館の地に陣取る。かつての新撰組副長・土方歳三もこの戦に加わり、最後の抵抗を試みるのだが、奮戦空しく戦死を遂げることになる。

この箱館の地に一つのエピソードが伝わっている。いつの時代にも、戦には資金が必要で、旧幕府軍も軍資金不足に頭を痛めていた。その時、箱館軍の総裁・榎本武揚らは、近辺の商人から軍資金を徴収することを考えたという。

これに断固反対を唱えたのが、土方歳三だったというのだ。結果、土方の主張が通り、民間人からの軍資金徴収は実行されなかった。後にこのことを知った箱館の商人たちは、土方を慕い、その戦死を悼み、供養碑を建立した。中心となったのは、大和屋友次郎という人物で、鴻池箱館支店の手代(てだい)だったといわれている。新撰組全盛期に築かれた鴻池との信頼関係※は、その後も鴻池家の隅々にまで浸透していたのであろう。

一方の鴻池家にも大きな逆風が吹く。明治の代となり、1871(明治4)年に廃藩置県が断行されると、藩そのものが消滅。当然、これまでの大名貸は貸し倒れとなり、俸禄も入らなくなる。一気に経営危機に陥ってしまったのである。

しかし、10代鴻池善右衛門幸富は、この経営危機を救うために、外部から優秀な経営者を雇うなどの手法を使い、辛くも経営危機を脱出。1877(明治10)年には、第十三国立銀行も設立している。この第十三国立銀行は、後に鴻池銀行が営業を継承。その後、三和銀行、UFJ銀行などを経て、現在の三菱東京UFJ銀行にその系譜をつないでいる。

こうして、青年期に幕末維新を経験した10代善右衛門幸富は、その後80歳の長寿を全うし、1920(大正9)年に逝去する。素顔は俳諧等を好んだ風流の人だったといわれている。

※鴻池との信頼関係は……一方で、土方歳三自身が鴻池の箱館支店に借財を申し込んでいたという話も伝わっている。その時、もはや旧幕府軍の敗色は濃厚だったにもかかわらず、鴻池は喜んで、その借財を引き受けたといわれている。証文等は残っていないため、この話の信憑性に疑問がないわけではないが、こういったエピソードの存在もまた、新撰組と鴻池の蜜月を証明するものの一つだといえよう。

09

【薩摩藩を支えた海上王】

# 公武合体派薩摩藩と8代濱崎太平次

## 図らずも攘夷を実行した薩摩藩

幕末の世で重要な働きを示したのが薩摩藩である。薩摩藩というと、一般に反幕府、尊王攘夷派と思われがちであるが、少なくとも当初はそうではなかった。特に島津斉彬（なりあきら）の急死後に藩政を握った国父・島津久光※は、公武合体政策の推進派であった。公武合体政策とは、朝廷（公）と幕府（武）が協力して政治を行おうとする政策である。特に島津久光が主張したのは、朝廷と薩摩らの雄藩が主導して※幕政改革をしようというものであった。

1862（文久2）年、島津久光は、この政策の実現のために1000人もの藩兵を伴い上洛。朝廷にその主張が認められると、今度は勅使とともに江戸へ下り幕府に改革を訴えた。この結果、安政の大獄以降不遇の状態にあった一橋派の面々が復活。一橋慶喜が将軍後見職、松平慶永が政事総裁職となるなど、島津久光の公武合体政策は徐々に叶えられ

※ 国父・島津久光
島津久光は藩主でなく、12代藩主忠義の父として、実質的に権力を握っていた。そのため、彼は「国父」と呼ばれている。

※ 雄藩が主導して…
かつて将軍継嗣問題が起こった際に、一橋派が唱えていた政策と同様である。

公武合体政策を推進した島津久光

ていく。※

　この島津久光一行の長旅の途上において、二つの事件が起きている。一つは「寺田屋事件」である。伏見の船宿寺田屋に集結していた過激な尊王攘夷派の薩摩藩士たちが、島津久光の命により同じ薩摩藩士たちの手で粛清された事件である。この事件を見ても薩摩藩、特に島津久光が、尊王攘夷派をむしろ邪魔な存在と思っていたことがうかがわれよう。

　もう一つが「生麦事件」である。江戸からの帰り道、久光一行が生麦村（現神奈川県横浜市鶴見区）を通りかかった時、ふいに騎馬のまま薩摩の行列をさえぎるように飛び出してきた4名のイギリス人に対し、薩摩藩士が斬りかかり、1名を殺害、2名を負傷させた事件である。この事件が世に知れわたると「薩摩の殿さまが攘夷を実行した」と評判になった。薩摩藩としては、行列を妨害した無礼な人物を粛清しただけだったのだが、皮肉にも毛嫌いしていた尊王攘夷派から一目置かれるようになったのである。

　しかし、「攘夷」されたイギリスのほうも黙ってはいなかった。1863（文久3）年

※ 島津久光の公武合体政策は…この政治改革の一環として、会津藩主松平容保が京都守護職となった。また、近藤茂左衛門が赦免されたのもこの時である。

7月、イギリス船が薩摩の錦江湾に入り「薩英戦争」が勃発。この結果、薩摩は城下の約一割を焼失し砲台も破壊され、死者5名、負傷者十数名という被害に遭う。しかし、イギリスの方も死者13名、負傷者50名という大きな痛手を被ることになる。戦後、両者の間で和平が結ばれた。これ以降、両者は互いの力を認め、良好な関係を築いていくのである。

大国イギリスをも驚かせるほどの実力を備えた薩摩藩。その陰には、藩の財政改革を支えた一人の商人がいた。濱崎太平次である。

## 貧窮にあえいだ幼少期

濱崎太平次は、指宿町（現鹿児島県指宿市）を拠点として「ヤマキ」の商号で海運業を営んでいた商家の8代目である。そう聞くと、恵まれた環境に生まれたようだが、実はそうではない。濱崎家は、一時は九州一の富豪とまで呼ばれていたのだが、彼の父7代太平次の頃に家業は没落。貧窮のうちに育ったという。なにしろ、幼少時のエピソードとして友だちと畑に唐芋（サツマイモ）を拾いに出かけたというのが残っているくらいである。富豪どころか貧民といえる少年時代を過ごしていたわけである。

しかも、彼の上には姉が一人、下には弟や妹も数人ずついた。「貧乏人の子沢山」を地で行く生活が続く中、15歳の時、太平次は、とある商船に乗り込み、一船員として働きは

風呂敷に書かれたヤマキのマーク（画像：国立国会図書館蔵）

ヤマキのマーク

じめたという。商船の向かった先は琉球（沖縄）であった。当時、琉球は独立国でありながら薩摩藩の支配下に組み入れられていた。そして、琉球は独立国として中国と朝貢貿易を行っていたから、薩摩藩は間接的に中国等との貿易ができる状態になっていた。こういったこともあり、薩摩と琉球との間では盛んに商船の行き来があったのである。

ところが、船員として乗り込んだ太平次は、琉球につくとその地の特産品を物色し、他の地で売れそうなものにあたりをつけ、とりあえず保証金を支払っている。そして、次に大坂に商売に出かけた時に問屋の主人から金を借り、その資金で琉球の珍しい品などを購買したという。つまり、船員として仕事をこなし、賃金を得るだけでなく、余剰時間に土地の特産品等を買い込み、販売するというやり方で通常以上の収入を得たのである。この姿を見た商船の主人は「この若者は後年必ず大事業をなすであろう」と驚嘆したという。

それから4年後の1832（天保3）年、父7代太平次が没する。長男として家族を支える重圧を背負ったその時、8代太平次、まだ数えで19歳の青年であった。一家を背負っていくためには、今の船員としての実入りだけでは厳しいものがある。琉球等との交易を自ら行っていくしか当家復興の道はないのではないだろうか。しかし、そのためには元となる資金が必要だ。そう考えた太平次は、郷土指宿の富豪・笹貫長兵衛のもとを訪ね、資金提供を願いでたのである。人徳があり、面倒味の良い長兵衛は、「資金を貸すのは良いが、危険な航海に出るよりも、家にいて安全な仕事をしたほうがよいのではないか」と諭した。すると太平次は「危険を冒さなければ、この難局に対処することなどできない」と語ったという。その男気に惚れたのか、長兵衛は資金を提供。太平次は、これより自ら海運業に打って出ることになる。

### 藩政改革と太平次の活躍

その少し前から薩摩藩は慢性的な財政難※に対処するため、積極的な改革を行っていた。改革の担当者として抜擢されたのが調所広郷（ずしょひろさと）である。藩主付の茶坊主から出世を果たした彼は、決死の覚悟で改革に取り組んだ。有名なのは、５００万両という途方もない借金を、２５０年間の年賦返済としたことであろう。２５０年もの時間をかけての返済というのは、実質的には借金の踏み倒しと同じである。もし、この契約が続いていたなら、現在でもまだ４分の１くらいの借金が残っているはずの途方もない話なのである。

太平次を抜擢した調所広郷

※財政難
薩摩藩が財政難だった原因としては、「家臣の数が多かった」「土地が火山灰性で生産性が低かった」「台風や火山の噴火などの自然災害が多かった」「洋学好きの藩主による失費が多かった」などが指摘されている。

その他にも奄美大島、徳之島（とくのしま）、喜界島（きかいじま）の三島で生産される砂糖を専売制とするほか、琉球との貿易を強化した。この貿易事業の中には、幕府には内緒の密貿易も含まれていた。これらの事業を推進するためには、腕の良い海運業者が必要となる。そこで抜擢されたのが濱崎太平次ら商人たちであった。その中でも、まだ若いが独特の感性と行動力で評判を高めていた濱崎太平次は、調所のお気に入りとなっていったようである。調所の自宅に呼ばれ、財政改革の意見を問われたこともあるという。その時、太平次は持論を滔々（とうとう）と述べ、調所もその意見を参考にしたと伝わっている。

この貿易事業は薩摩藩とヤマキ濱崎家を同時に富ませた。太平次は、藩命を受け三島での砂糖買い付けを行った際に、日用品を船に積ませ、現地で砂糖と交換させたという。その分の利益は濱崎家と船長、船員の収入となったという。藩からは通常の運送費をもらっているわけなので、二重の利益になった。その他、彼は密貿易にも手を染めた。繊維類、薬品、食品などさまざまなものを輸入し、生糸や陶磁器、樟脳（しょうのう）、茶や椎茸などの食品等をロシア、フランス、中国等に輸出していたという。かなり大胆な行動である。

こうして調所広郷ならびに藩主島津家の意向を受けてこれらの事業を進めていった濱崎家は、やがて大商家となり再興を遂げた。指宿や鹿児島以外にも琉球、大坂、長崎、箱館に拠点を設け、海運、貿易事業に従事したほか、藩より補助金をもらい造船業も営んだ。

指宿の町に2110余坪という巨大な造船場を築いたのである。

一方、調所や太平次らの活躍により薩摩藩の財政も潤いはじめた。500万両の借金にあえいでいた藩財政は、やがて50万両もの蓄えができるほど、好転していったのである。

## 親分肌の豪商

1848（嘉永元）年、中心となって藩政改革を行ってきた調所広郷が急死を遂げる。密貿易の嫌疑を受けたために自害したともいわれている。自らを抜擢してくれた恩人の死を知った太平次の心情は察して余りあるが、その後も彼は気丈に海運、貿易、造船事業に従事していった。死を悲しむよりも恩人の志を守り、事業を継続していくことこそ大切だと思ったのであろう。幸いその後も太平次は藩主の島津斉彬などに重用されたらしい。その御殿に呼ばれたことなどもあったようである。

大商人となった太平次だが、自らを富ませるためだけに生きていたわけではない。もちろん、藩に対しても応分以上の御用金拠出等をしていたのである。たとえば1862（文久2）年には、藩の銃購入のために2万両もの献金を行っている。同時期に1万両、8000両を寄付した商人も数人いたが、太平次は献金額においてダントツの貢献度だったわけである。

それだけではない。太平次は飢饉が起これば、窮民のために米を施し、伝染病が流行し税金を滞納するものがあれば、かわりに納税もしたともいう。また、藩からその功績を称えられ、士分に列するという栄誉を授けられた時は、自分は商人だからと、その栄誉を辞退したともいわれている。上には忠実で下にも優しい太平次は、いかにも親分肌の男だったのだろう。彼の風貌は、温厚にて言葉少なく、背は高くないが太っ腹、眉が太く目がぱっちりとしていたという。西郷隆盛を彷彿とさせるその姿からも、その性格の一端がうかがえるようである。

そんな太平次であったが、１８６３（文久３）年、病気により急死する。大坂の地での客死であった。最後まで商いに従事しながらその命を終えたといってもよいだろう。

濱崎太平次が天に召されたこの年、薩摩とイギリスの間で薩英戦争が起こっている。この時、薩摩藩がイギリスを驚かすほどの軍備を整えることができた陰には、危険を冒して密貿易などに従事していた濱崎太平次らの姿があったのである。

10

【人知れず尊王の道を歩んだ男】

# 八月十八日の政変と北風正造

## 佐幕派と公武合体派によるクーデター

尊王攘夷の道をひた走る長州藩、幕府と京都の治安を守るために奔走する会津藩と新撰組、そして公武合体政策を模索する薩摩藩。これらが互いの信じる道を目指して激突したのが「八月十八日の政変」である。

1863(文久3)年8月、長州藩ら尊王攘夷派の台頭を懸念した会津藩と薩摩藩は、中川宮朝彦親王ら公武合体派といわれる公家と謀り、尊王攘夷派の排斥を目指し、ある計画を立てた。それは、尊王攘夷派の暴走に懸念を示していた孝明天皇から密かに詔勅を得て、尊王攘夷派の公家と長州藩らを御所から締め出すというものであった。

8月18日払暁(ふつぎょう)、計画は実行に移された。夜分に公武合体派の公家らが密かに御所に参内して朝議を行うとともに、会津藩、薩摩藩、淀藩らが御所の門を固く警護。尊王攘夷派を

北風正造が救った七卿の一人・三条実美

中へ入れまいと万全の態勢を整えたのである。

事態を聞きつけた尊王攘夷派の公家や長州藩士たちが御所に駆け付けた時は、既に遅かった。御所の門は固く閉ざされ、朝議により尊王攘夷派の公家の参内禁止、長州藩の堺町御門警護役解任などが決められたのである。

この佐幕派と公武合体派が手を組んだクーデターは無事成功し、尊王攘夷派は京都から排除させられることになった。ここにおいて形勢は大きく逆転。我が物顔で京都を支配していた尊王攘夷派の勢いは大きく衰えることとなったのである。

こうして御所から締め出された尊王攘夷派の三条実美、東久世通禧（ひがしくぜみちとみ）ら7人の公家は、京都を去り、そぼ降る雨の中を逃げるように長州へと落ち延びた。いわゆる「七卿落ち」である。

この時、失意の七卿たちを兵庫から船に乗せ、長州へと無事にたどり着けるよう手筈を整えたのが、兵庫の豪商・北風正造（きたかぜしょうぞう）だといわれている。当年とって30歳。若くして一途な志を持った大商人であった。

## 気風の良さで知られた豪商北風家

「これで仕舞いや。北風はんとこで振る舞われよ」。船乗りや兵庫の海で働く男たちが1日の仕事を終えると、いつものように訪れたのが、豪商北風家だった。北風家では海の男たちが訪れると酒と食事を振る舞ったという。北風家は、気風の良さで知られた豪商だった。かの高田屋嘉兵衛もまた、大いに北風家の世話になった一人である。

人が集まれば情報が集まる。各地の物資の過不足や商品の相場などの情報は北国廻船問屋を営む北風家にとって実に有益な情報であった。情報と人間関係を重視した北風家は蝦夷地御用取扱人などに任ぜられるとともに兵庫津の名主を兼ね、大いに繁栄を極めた。「兵庫の北風か、北風の兵庫か」と囁かれるほどであったという。

その北風家に1852（嘉永5）年、養子に入ったのが、北風正造である。当時、まだ19歳の若者であった。生家は山城国（現京都府南部）の郷士長谷川家で、母は有栖川宮家※の老女（侍女の長）であった。正造自身も9歳から九条関白家に近侍しており、公家の生活に通じ、武芸にも秀でていたという。この有望な若者は、1855（安政2）年、家督を相続し、幕末の北風家の命運を担うようになる。

期待に違わず、正造の代になっても、北風家は繁栄を続けていった。1857（安政4）年にはあらたに幕府箱館産物会所を起こし、翌年その御用達となる。また箱館生産捌方取

※ 有栖川宮家
ありすがわのみやけ
江戸～大正にかけて存在した宮家。江戸時代には徳川家や毛利家などと婚姻関係を結んだ。

締にも任命され、家業は発展していく。後に15代将軍となる慶喜が兵庫に来て、北風家の仕事ぶりを賛美し褒美をとらせると、感激した正造が兵庫津の人々に祝儀を振る舞ったという話も伝わっている。また、正造は家業を発展させるだけでなく、地元のために堤防修築を行ったり、毎年歳末には貧民に米穀を振る舞ったりといった社会事業にも積極的に関わっていったのである。

こうして幕府らと緊密に結びつきながら、家業を発展させていった北風正造であったが、彼には、人に知られぬ秘密があった。表では幕府と深い結びつきを見せながら、密かに尊王攘夷派の志士たちを支援していたのである。母も、自身も、かつて公家に仕えていたことが影響していたのかもしれない。彼の心には尊王の志が深く刻まれていたのである。

## 北風正造、その一途な尊王精神

尊王の志を持った豪商・北風正造。彼は、それゆえ、八月十八日の政変で難儀な状況にあった七卿に救いの手を伸べ、また、北風家の隠し財産であった30万両もの大金を、密かに西郷隆盛や伊藤博文ら尊王派、討幕派に資金として提供したといわれている。そして、これらのことは、幕府はもちろん、ほとんどの尊王攘夷派の志士たち、北風家の人たちにさえ内緒にされていた。まさに「縁の下の力持ち」となり、陰から尊王攘夷派を支えていったのである。

こんなエピソードがある。この後、京を追われた長州藩が復権をかけて御所に向かって兵をあげた時（禁門の変）、北風正造は、これまで好意的に援助していた長州藩に対して怒りを露わにしたというのだ。あくまで、彼の思想の原点は「尊王」であり、反幕府や攘夷は二の次だった。それゆえ、恐れ多くも帝のいる御所に向かって発砲することなどは許されぬ行為だとして、この愚行を怒り、長州の非を責めたのだという。

また、江戸幕府崩壊後、新政府軍と旧幕府軍の軍事衝突が起こった際（戊辰戦争）、兵庫に入った新政府軍が、こともあろうに北風家に押し入ったという話も伝わっている。北風家は幕府に協力している商人だとして、財産を没収されたというのだ。実際には、前述のとおり、新政府軍を構成している尊王攘夷派の人々に30万両もの資金を供給していたのだが、頑なに秘密を守り通し、ほとんどの尊王攘夷派の人々にも知られることがなかったために、逆に狙われる立場になってしまったのだそうだ。

さらに、旧幕府方にあった姫路藩※が、新政府軍の攻撃を受けることになった時に活躍したのも北風正造であった。和解を求める姫路藩が北風正造に助けを求めたため、彼が仲介役を務めたのだという。結果、軍需金15万両と引き換えに、姫路藩を攻撃することはやめるという和解案が出された。もちろん、姫路藩にそれだけの資金はなかったのだが、北風

※ 姫路藩
江戸幕府の軍事上の要地で、代々譜代大名が支配した。幕末の藩主は酒井氏。

正造がその金額を肩代わりすることで、姫路の町は攻撃を避けることができたといわれている。国宝にして世界遺産である姫路城が現在のように美しい姿をとどめていられるのは、北風正造のおかげともいえるのである。

## 明治の代と北風正造

やがて、明治の代が訪れる。維新当初、兵庫鎮台として一人の男が赴任してきた。東久世通禧（ひがしくぜみちとみ）である。かつて八月十八日の政変において都落ちの憂き目に遭った七卿の一人である。また、初代兵庫県知事として赴任してきたのが、長州藩士・伊藤博文であった。

彼らのもと、北風正造は会計官商法司判事、県出納掛、通商為替会社頭取などを歴任。また、民兵組織兵庫隊の設立のために私財を投じ、兵庫の町の治安維持に努めるといった活動も続けていった。神戸に鉄道の駅ができた際には、24万平方メートルにおよぶ用地を無償で提供してもいる。世の中がいくら変わっても、彼の気風の良さが変わることはなかったのである。

変わらないものといえば、彼の尊王精神もまた、不動のものであった。しかし、それが裏目に出ることもあった。彼が明治の代に望んでいたのは、天皇を中心とした政治体制、まさに王政復古であった。そして、それは明治の代がはじまる時に高らかに掲げられた理

七卿の一人・東久世通禧
（画像：国立国会図書館蔵）

東久世通禧

初代兵庫県知事・伊藤博文
（画像：国立国会図書館蔵）

伊藤博文

想でもあったはずである。しかし、現実は違った。実際にこの国を動かしているのは、薩摩藩や長州藩を中心とした藩閥政治家であった。尊王思想に染まった北風正造にとって、これはどうしても我慢のできないことであった。１８７３（明治６）年、北風正造は、県庁を去った。公職を辞し、市井の商人に戻ったのである。

## 変わる世間と北風家の命運

明治の実業界においても、北風正造は目一杯その持てる力を発揮した。兵庫新川開削事業に従事したり、神戸製茶改良会社、神戸船橋会社、日本汽船会社、米商会社、第七十三国立銀行、商法会議所などの創立に尽力したりといった活躍を果たしていったのである。

しかし、明治の代となり、兵庫の経済環境も大きく変化していた。神戸港が開港して外国人居留地などができ、神戸の町が大きく発展。その代わりに歴史ある兵庫津は、衰退していくようになる。また、北風正造が用地の提供などできっかけをつくった鉄道輸送の発展は、物流に革命を起こしていった。これが皮肉にも兵庫津を拠点として海運業を手広く行っていた北風家の経営に大きな打撃を加えることになる。そこに腕利きの大番頭の死去なども加わり、天下の豪商・北風家の家運は一気に傾いてしまったのである。

むろん、そこには北風家伝来の気風の良さからくる散財も大きな影響を与えたであろう。最盛期に行っていた海の男たちへの振る舞い、貧民への施米、尊王攘夷派へ提供した多額の支援金、姫路藩を救うために拠出した軍需金、民兵組織兵庫隊の設立費用、神戸駅設立のための用地の提供……。今回紹介しただけでも、彼が提供してきた金額は、信じられないほどの巨額に上っている。それだけの資金を費やしたのは、ひとえに天皇を中心とした新しい世をつくること、特に地元兵庫をはじめとする人々が快適に暮らすことのできる理想的な社会をつくるためだったといえよう。しかし、そんな彼の理想は必ずしも結実したとはいえなかった。

傾きかけた家運を復興させようと、北風正造は、定期米や北海道産肥料の買い占めを図った。しかし、この最後の大博打は完全に裏目に出る。投資は失敗に終わり、1885（明治18）年、ついに北風家は破産してしまうのである。

後に、北風正造が病で伏せている時、多くの債権者が、この兵庫の、いや日本の恩人ともいうべき男の自邸に押し寄せ、家財道具他めぼしいものを皆持ち出してしまう。しかも、その時、北風家に代々伝わる古文書等まで多くが散逸の憂き目に遭ったという。

1895（明治28）年、日清戦争の勝利に国中が沸き、さらなる日本国の発展を誰もが心に描いたその年の暮れ、北風正造はひっそりとこの世を去った。「兵庫の北風か、北風の兵庫か」とうたわれた天下の豪商北風家の歴史もまた、この時、同時に幕を下ろすことになる。

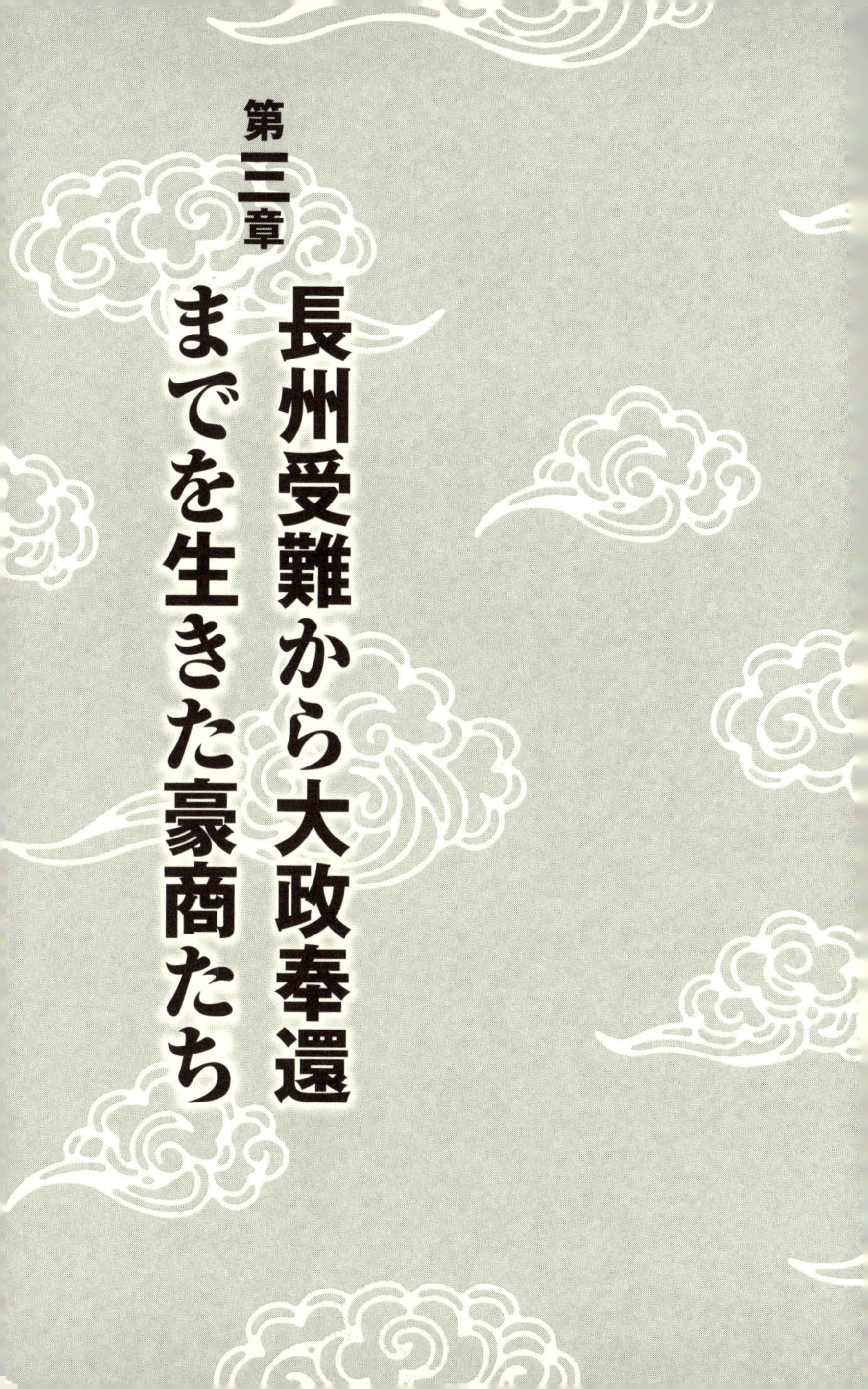

第三章

# 長州受難から大政奉還までを生きた豪商たち

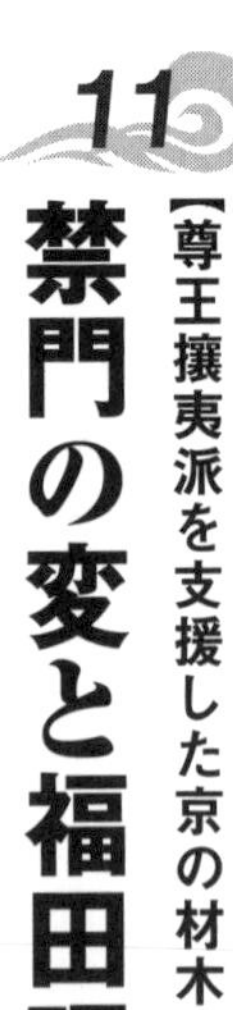

# 11 禁門の変と福田理兵衛
## 【尊王攘夷派を支援した京の材木商】

### 尊攘派の希望の灯を消した池田屋事件

1863（文久3）年、八月十八日の政変が起こり、尊王攘夷派は大いに痛手を被った。しかし、翌1864（元治元）年になると、徐々に勢力回復をめざし、尊王攘夷派の活動は活発になってきた。密かに京に潜伏して復興を企てる者もいたし、長州の国許では、復権を目指し軍を率いて上洛しようという「進発論」を唱える声なども強くなっていた。

そんなある日、枡屋喜右衛門（ますやきえもん）という名の商人が新撰組によって捕縛される。実はこの商人、正体は古高俊太郎という尊王攘夷派の志士であった。彼は密かに京の商人として活動しつつ、情報収集等を行っていたのである。

古高を捕まえた新撰組は、徹底して彼を拷問にかけた。そして、尊王攘夷派の志士が集い、クーデターを起こしつつあることを聞き出したという。そこで新撰組は、その夜、二手に分かれ、尊王攘夷派の集う宿屋等の捜索を開始したのである。

果たして、近藤勇率いるグループが、旅宿池田屋で尊王攘夷派の会合が行われていることをつきとめる。その時の近藤勇は、わずかな手勢しか率いていなかったのだが、いずれも沖田総司ら歴戦の勇士ばかりである。意を決した近藤は、愛刀虎徹を握りしめ、わずか4～5名の手勢を率い、二十数名が集っていたという池田屋に斬りこんでいったのである。

わずか数名とはいえ、近藤以下腕自慢を揃えた新撰組は、ふいを突かれた尊王攘夷派の志士たちを次々と斬り、あるいは捕縛していく。さらに、後から土方ら残りの新撰組の面々や会津藩士らが駆けつけたこともあり、激闘の末、30名ほどの志士たちが死亡または捕縛されたのである。

この「池田屋事件」によって、新撰組の名声は一躍高まり、尊王攘夷派は再び窮地に立たされることになる。これが、長州本国の進発派の心に火を点けた。生ぬるいやり方では、長州の復権はありえない、武力をもって上洛すべし、という来島又兵衛（きじままたべえ）らを中心とした進発派の面々は、ついに1600名ほどの兵士を率い、京へと向かったのである。

とはいえ、この時点で長州藩は、京における拠点の多くを失っていた。1600名もの藩兵を率いて行動を起こすには、陣営の設営、兵糧の手配などに不安があったはずである。

そんな厳しい状況にあった長州藩に対し、自ら御用達商人となり、私財を投げうってその活動を支えたのが、福田理兵衛（ふくだりへえ）である。

## 長州に奉ずるは……

尊王攘夷活動を推進する長州藩を支援していたのは、白石正一郎ら地元長州の豪商たちばかりではなかった。福田理兵衛は、京都山城の嵯峨野（さがの）村で家業の材木問屋を営んでいた商人である。京の町で大火があり、高値で材木を供給することができたおかげで、商家として成功を遂げたという。さらに仁和寺（にんなじ）や地元嵯峨野の天龍寺※などの御用達を務めるほか、村の大庄屋、総年寄としても活躍していた。地元の名士といってよいであろう。1864（文久4）年時点で51歳。商人として脂の乗り切った時期を迎えていた。

商家の主人として隆盛を極めた理兵衛には、別の一面もあった。尊王攘夷派としての顔である。文化の中心であり、帝のお膝元である京に居を構えていた彼は、真摯に国学等を学び、尊王の思想を身に着けていたのである。そして、京は尊王攘夷派が頻繁に集まる場所であったから、多くの尊王攘夷派の志士と積極的に交わりを持ったのである。その中には、長州藩で中心的役割を担いつつある志士たちを育てた吉田松陰がいたし、同じく安政の大獄で死に至った梅田雲浜、橋本左内らとも交流があったという。

---

※天龍寺　てんりゅうじ
足利尊氏が後醍醐天皇の菩提を弔うために1339年に創建した禅寺。室町時代の五山文化を牽引した臨済宗の禅寺で、18世紀末の末寺帳には198寺の寺院名が記載されている。

多くの志士たちとの交わりを通じ、彼は長州藩こそこの国を救うことができる雄藩だという固い信念を持つようになった。彼は常々「長州に奉ずるは国に奉ずる道なり」と語っていたという。言葉で語るだけではない。1862（文久2）年、尊王攘夷活動が盛んだった折、長州藩士が大挙して上洛した際には、福田理兵衛が交渉に走り、天龍寺やその周辺の民家30余戸を借り受け、拠点とすることに成功したのである。

それから2年の月日が過ぎ、八月十八日の政変で京を追われた長州藩士たちは、復権をめざし再び京を目指した。そして、この度、来島又兵衛らの一派が陣地としたのは、かつて理兵衛が便宜を図った天龍寺であった。しかし、今度は以前と違い、長州藩は京を締め出された身である。天龍寺側も一度は受け入れを断ったのであるが、長州藩士たちは強引に門戸を閉鎖して、この地を拠点としたのである。

このように、孤立無援の様相を呈していた長州藩に対しても、理兵衛は変わらずに支援を惜しまなかった。彼は持てる財力を駆使し、兵糧米その他の物資を牛車にて天龍寺に運び込んだ。また、それだけでなく、京の様子をつぶさに調べ、長州藩家老に対し、「京都近状探知書」を提出してもいる。さまざまな面で、戦闘準備に明け暮れる長州藩士たちを強力に支援していったのである。

## 決戦！　禁門の変

京都に入った長州藩士らは、しばらし、朝廷に対し嘆願などを繰り返したのだが、彼らの要求が叶えられるはずはなく、会津藩、薩摩藩らは御所の防御を固めていく。両者の緊張が最高潮に高まった7月19日未明、決戦の刻を知らせる法螺貝が吹かれ、ついに両者の争いである「禁門の変（蛤御門の変）」の火蓋が切られることになった。

その時、長州藩士・来島又兵衛らの軍勢は蛤御門に進出。その地を守る会津藩に激しい攻撃を仕掛け、一時、戦況は長州藩有利に動いていた。しかし、この激戦地に薩摩の友軍が加わると状況は一変。来島又兵衛もまた銃弾を受けて戦死を遂げる。

戦況が不利に陥ると、かつて松下村塾の双璧とうたわれた久坂玄瑞は最後の望みをかけて堺町御門を突破し、公卿鷹司輔熙の邸に入る。鷹司輔熙は八月十八日の政変まで関白の地位にいた人物であった。久坂は鷹司のとりなしに最後の望みをかけたのである。

しかし、御所に向かって銃弾を放った長州藩に、公卿たちが救いの手を差し伸べるはずもなかった。ましてやその銃弾のせいで、鷹司邸は今、炎に包まれてしまったのである。もはやこれまで、と悟った久坂は、同じ松下村塾で学んだ友、寺島忠三郎と刺し違えて、命を絶つ。享年わずかに25歳である。

こうして長州復活をかけた禁門の変は、長州藩の敗北で幕を閉じる。戦死者は265名

久坂玄瑞

禁門の変で散った久坂玄瑞
（画像：国立国会図書館蔵）

を数え、その中には、久坂玄瑞や吉田稔麿とともに「四天王」と呼ばれた入江九一なども含まれていた。

生き残った長州藩士たちは、ほうほうの体で敗走した。その中には、福田理兵衛の姿もあった。御所を攻撃した長州藩はもはや朝敵である。そして、その長州藩に対して忠義を尽くした福田理兵衛も、同様に朝敵とされることになる。彼もまた、大坂から船に乗り、長州へと落ち延びたのである。

一方、長州藩との戦闘により97名もの戦死者を出した幕府側の会津藩、薩摩藩らの怒りは、残された福田理兵衛の家族にも注がれた。会津藩、薩摩藩らは福田理兵衛の邸宅に迫り、その財産を没収した。その金額は５０００両といわれ、嵯峨野の村民らに一人１両２朱ずつ配布されたという。さらに、彼の屋敷には火がかけられ、３日３晩燃え続けた。この邸に残されていた福田理兵衛の妻子らは、命だけは救われたのだが、この後、貧窮に悩まされ朝敵との誹りを受けながら、辛うじて命をつないでいくので精一杯の状態となったという。

## 想いを託された信太郎の諜報活動

朝敵の汚名を着せられ、長州へ落ち延びた福田理兵衛であったが、その後も彼は希望を捨てなかったようだ。彼は行動を共にしていた息子の信太郎に対して、「しばらく京に潜み、情勢を探索せよ」との指令を出していた。情勢を見定め、なんとか長州藩復活の夢を叶えようとしていたのである。

父の命を受けた信太郎は、なんとかして京に留まろうとした。しかし、京の町には、新撰組らが長州藩士ら尊王攘夷派を捕縛しようと躍起になっていた。ましてや邸を焼き払われるほどの恨みを買っていた福田理兵衛の息子が潜んでいるとなれば、幕府方は死に物狂いで探すであろう。信太郎は、度々潜伏先を変え、捜索の網の目を抜けようと懸命の努力を続けた。

しかし、捜査の手はいよいよ彼のところに近づく。やむなく彼は隣の奈良へと移り、1年以上の時をこの地に潜伏して過ごしたという。そして再び捜査の手が及びそうになると、彼は再び京へと戻り、身分を隠して上賀茂神社の神官に下男として仕えてまで、危険な諜報活動に従事したのである。

## 叶えられなかった夢

このように「長州に奉ずるは国に奉ずる道なり」の一念を貫き通した福田理兵衛と信太郎父子は、その働きを認められ士分を得ることになる。京都嵯峨野の材木商だった彼らは、いまや長州藩士として列せられることになったのである。

その後、長い忍従の時を経て、形勢は逆転する。長州藩は朝敵の汚名を解かれ、代わりに幕府のほうが崩壊する。長州藩は新政府の中枢に位置を占め、藩士らは大挙して京へと上ることになる。長州藩士となった福田信太郎もまた、その一角に加わり、故郷に凱旋することになった。

父理兵衛はやや遅れて、1870（明治3）年、京に入った。禁門の変で故郷を追われてから、6年の月日が流れていた。この時、理兵衛は貧窮と屈辱の中を生き抜いていた妻子と対面。互いの苦労を涙に暮れながら語り合ったという。しかし、家族で一緒に過ごせた時間はわずかでしかなかった。理兵衛は、家族そろって京の町でやり直そうと計画していたというが、その計画が果たされることはなかったのである。しばし、家族との再会を喜び合った後、ひとまず長州へと帰った理兵衛は、翌々年、その地で無念の死を遂げてしまったのである。享年59歳であった。

時は過ぎ、1911（明治44）年、福田理兵衛は、生前の功績を称えられ、従五位の位階を授けられることになる。彼の故郷、京都嵯峨野にあり、天龍寺にもほど近い車折神社※の一角には、彼を祀った社、葵忠社（きちゅうしゃ）がある。また、そこからすぐのところにある正定院（しょうじょういん）という寺には福田理兵衛夫妻の墓がある。明治の代となり、家族そろって故郷で暮らすことを夢見ていたという理兵衛は、今静かに故郷の地で愛する妻とともに眠っているのである。

※ 車折神社
くるまざきじんじゃ
平安時代の儒学者・清原頼業（きよはらのよりなり）を祀る神社。天龍寺創建後はその末寺となった。明治・大正を代表する文人画家・富岡鉄斎が宮司を務めたこともある。

# 12 どんどん焼けと飯田新七

【焼け跡から京の町を救った高島屋創業者の秘策とは】

## 京の町を焼き尽くしたどんどん焼け

禁門の変での敗北により、長州藩は大きな痛手を被った。しかし、この事件で被害を負ったのは、長州藩士たちだけではなかった。禁門の変が起きた際に、京の町では大規模な火災が発生。炎は事件当日から数えて3日間も燃え続け、京の町の人々も大きな災害に見舞われたのである。

火元の一つとされるのが、久坂玄瑞らが籠もった鷹司邸である。彼らに向かって会津藩が放った銃弾がもとで一面火の海となり、久坂らの遺骸を炎で包み、やがて京の町へと広がったのだという。もう一つの火元とされるのが、長州藩の京都藩邸である。これは、長州藩士たちが敗走するに当たり、敵方をかく乱するために、自ら火を点けたものであった。この2カ所が火元といわれることが多いが、実際にはその他にも、会津藩や薩摩藩の人間

禁門の変の戦火に巻き込まれる京都の人々

が長州藩の残党狩りのために火を点けた箇所も多かったようだ。御所近くにあった紅屋のほか、長州藩士が籠もった天龍寺なども火を放たれている。

この火災による被害については、さまざまな検証がなされているのだが、当時出されたかわら版には、罹災町数811町、戸数2万7513、土蔵1207、公卿屋敷18、武家屋敷51、社寺253とある。市街地の約3分の2を焼失し、貴賤を問わず、多くの人々が被害に遭ったといわれている。

新興の古着木綿商高島屋（現在も百貨店業等を営む高島屋グループ）の創業者・飯田新七（いいだしんしち）もその一人。しかし彼は、京中が大混乱に陥る中で冷静に情勢を見極め、京の復興に一役買っていくのである。

## 勤勉さでならした若き商人

飯田新七は、1803（享和3）年、越前国敦賀（現在の福井県敦賀市）で生をうけている。しかし、

高島屋創業者・飯田新七
（国立国会図書館蔵）

彼は三男であり跡取りではなかったため、まだ幼さの残る12歳の時に、京都の呉服商に奉公に出されたという。この時から、彼の商人としての経歴がはじまることになる。

　商家の丁稚奉公の1日は、まだ陽も昇らぬような朝早くからはじまる。朝食を済ませると、小さな体に大きな風呂敷包みを背負い、長い道のりを歩いて行商に励むことになる。来る日も来る日も、彼は働いた。しかし、彼の勤めた呉服商の羽振りは、決してよくなかったようで、徐々に家運が傾きはじめる。「大廈（たいか）の将（まさ）に壊（やぶ）れんとするとき、よく一木（いちぼく）の拄（ささゆ）べきにあらず（大きな家が倒れようという時には一本の柱で支えることはできない）」の喩（たとえ）もあるとおり、新七の奮闘も空しく、やがて彼の勤めていた商家は倒産の憂き目に遭うのである。

　その後も他の呉服店に勤め、またも懸命になって商いに勤しんでいた新七の姿は、一部で高い評判を得るようになったようだ。やがて、京の烏丸松原（からすままつばら）で米穀商を営んでいた飯田儀兵衛から、その真面目さを見込まれ、婿養子にと声がかかったのである。1828（文政11）年のことである。12歳から奉公に出ていた新七も、26歳の立派な青年となっていた。

こうして飯田儀兵衛の長女秀と祝言を挙げた新七は、飯田姓を名乗ることになる。この後、新七と秀は分家して、1831（天保2）年、店舗を借りて古着木綿商をはじめることになる。屋号は、義父儀兵衛の米穀商と同じ「高島屋」とすることにした。儀兵衛は、近江国高島郡（現在の滋賀県高島市）の出身だったため、この屋号を名乗っていたのである。平成の代まで続く老舗百貨店「高島屋」は、この時をもって創業としている。

## 飯田新七の唱えた営業方針

新興勢力だった高島屋の、唯一の武器といえるのが「誠実さ」と「勤勉さ」だった。隣に同じように着物を扱う店ができると、新七らは他の店舗よりも1時間も早く店を開けたという。開店時間を長くすることで顧客に利便性を提供する、というのは現在でもしばしば見られる経営手法である。飯田新七は、この手法を取り入れ、さらに持ち前の誠実さと勤勉さで丁寧な対応を心がけ、コツコツと顧客を増やしていったのである。

商売を続けるにあたって、彼は四つの基本方針を唱えた。

第一は「確実な品を廉価にて販売し、自他の利益を図るべし」である。良い品を安く販売する、という商いの基本を忠実に実行することにより、自社はもとより顧客の利益にもなるように努めるという点に飯田新七の誠実さが表れているといえよう。義父儀兵衛の出身地近江の商人の心得として「三方よし（さんぽう）」という言葉がある。「売り手良し」「買い手良し」「世間良し」、すなわち、売り手も買い手も利益があり、かつ地域貢献、社会貢献ができるのが良い商いだという考え方である。同様に新七も自社だけでなく、顧客など利害関係者すべてに利があることを、そのモットーの第一としたのである。

第二は「正札掛け値なし」である。江戸時代には、商いはすべて信用売りで、集金は年1、2回にまとめてするというやり方が基本であった。しかし、これでは現金化に手間もかかるし、回収不能となる危険性も高い。そこであらかじめ価格を高めに設定しておくという形をとっていた。これが「掛け値」である。「正札掛け値なし」とは、そういった商慣習をあらため、現金即回収で商いを行う代わりに掛け値なしの安価で販売するというものである。すでに三井越後屋などが実施していた方式だが、「誠実」に安値で顧客に良いものを提供するため、新七もこの方法を採用したわけである。

第三は「商品の良し悪しは明確に顧客に告げ、一点の虚偽もあるべからず」。素人にはわかりづらい細かな商品の良否を包み隠さず顧客に伝えること。その上で適正な価格をつけて満足してもらうこと、これを彼は実行したのである。「わけあり商品（リーズナブル）」なるものが、近年人気だが、それを地で行く商売を彼は実践していたのである。

最後は「顧客の待遇を平等にし、いやしくも貧富貴賤によって差別をするべからず」である。身分制度が徹底されていた時代にあって、身分や財産の有無にかかわらず、すべての顧客を平等に扱おうという飯田新七の姿勢には、現代でも学ぶべき点が多いといえよう。

このような真摯な姿勢で商いを続けていった高島屋が流行らないはずはない。徐々に店は繁盛し、やがて番頭、手代、丁稚などを併せ16名の店に発展していった。長女歌の婿が跡を継いで2代目新七を名乗るようになり、義理の親子と番頭、手代らは結束して、幕末の荒波を乗り切ろうとしていた。そんな矢先に長州藩士による禁門の変が起こり、京の町が炎の海に包まれ、高島屋もまた被災してしまったのである。初代飯田新七、62歳の時のことであった。

## 被害を最小限に抑えた機転とは？

1864（元治元）年7月19日未明よりはじまった禁門の変では、午前8時頃に火災がはじまったといわれている。紅蓮の炎は京の町を焼きつくし、東本願寺※、本能寺らも焼失した。この火が迫ってくると、新七ら高島屋の人々は、商品を頑丈な土蔵にしまいこんだ。さらには必要な家財道具などを運びつつ近くの寺へと避難したという。おそらく多くの商家の人々も似たような対応をし、19日は眠れぬ夜を迎えたことであろう。

火災は翌日も続き、完全に鎮火したのは翌々日であった。高島屋など多くの人々は、火

※ 東本願寺
徳川家康の支援で1602年に創建された浄土真宗の寺院。禁門の変で焼失した堂社などは、1895年になってようやく再建された。

勢が弱まるのを待って店舗の方へと戻っていった。しかし、多くの店舗は焼失していた。なにしろ京の町の3分の2が焼けたという大火事で、2万7000超の家が焼けたというのである。

とある商家では土蔵だけが残っていた。本来、土蔵とは、このような非常時でも耐えられるような頑丈な造りをしていたからである。そこでこの商家の人々は喜び勇んで土蔵の扉を開けたという。その時、火事によって高温になっていた土蔵の内部に大量の酸素が吹き込まれ、爆発的な炎が生じはじめた。「バックドラフト（逆気流）」という現象である。このバックドラフト現象により、せっかく焼け残った土蔵の内部までもが灰塵に帰してしまった商家が数多くあったようである。

高島屋もまた、店舗が焼失し、わずかに土蔵だけが残っていた。しかし、飯田新七は、バックドラフト現象のことを知っていたのか、それとも先に蔵の扉を開けて失敗してしまった商家の話を聞いていたのか、土蔵の扉に手を触れることを固く禁じた。しまいこんだ商品が無事なのか否かをいち早く確認したい気持ちを抑えつつ、土蔵の温度が完全に冷めるまで数日の時を待ったのである。

やがて時は過ぎ、土蔵の内部の温度もようやく冷めてきた。意を決して飯田新七は土蔵の扉をゆっくりと開けさせた。果たして、中の商品は無事であった。あせらずじっと待った甲斐があったといえよう。また、事前に樽に水を張ったものを土蔵の中に入れておいたことが功を奏したのだともいわれている。

こうして辛うじて全財産を焼失することから免れた高島屋は、急いで焼け落ちた店舗の残骸等を片付け仮店舗を設営。焼け残った商品を売りさばいた。すると、急な失火ですべてを失った京の人々が、列をなして高島屋の店舗に殺到したという。もちろん、誠実さをモットーとした高島屋が、この段になって暴利をむさぼるようなことはない。廉価にて必要な商品を提供した高島屋は、以降も評判を高めることになる。こうして、飯田新七らは、多くの物を失った京の町の人々に必要な品と復興への意欲を提供していったのである。

## その後の飯田新七と高島屋

激動の幕末を経て、やがて明治の代が訪れる。時代の荒波をその身に受けながら、誠実さと勤勉さを武器に生きぬいた高島屋創業者、初代飯田新七は、変わりゆく世の中を見届けたかのように1874（明治7）年、その生涯の幕を閉じた。72歳である。

ところが、初代新七の死後わずか4年で跡取りの2代目新七が没してしまう。まだ壮年期にあたる早すぎる死であった。その時、高島屋の暖簾を守り通すために奮闘したのが、初代飯田新七の長女、2代目新七の妻である歌であった。彼女は番頭、手代たちを叱咤激

早世した2代目飯田新七
（国立国会図書館蔵）

励し、自らも家業に励み、この難局を乗り切ったのである。さらに、彼女はまだ若かった子どもたちを立派な商家の跡継ぎとして育て上げ、長男を3代目、次男を4代目の当主に仕立て上げたのである。

かつて、初代飯田新七は、後に後継者となる孫たちを連れて京の町が見下ろせる地へ行き、こう告げたことがあったという。

「京の町は広いといっても、こうして見ると両目に収まるほどである。もっと志を大きく日本中、いや世界中をお客さまとして商いをする心がけが肝心なのだ」

創業者の薫陶を受けた後継者たちは、志を世界に広げ、1887（明治20）年には貿易部を開設。海外に出張所を設けるようにもなる。自社ばかりではなく、世界中の顧客、および地域社会の利益の向上を図り、維新期の日本の発展に大きく貢献していったのである。

## 13

# 薩長同盟とトーマス・グラバー

### 【倒幕派を支援した青い目のサムライ】

**公武合体政策の失敗が生んだ倒幕思想**

八月十八日の政変、池田屋事件、そして禁門の変で徹底的に叩かれ、長州藩ら尊王攘夷派は壊滅的な打撃を受けた。逆に優勢となった薩摩藩らは、念願であった公武合体政策を進めることになる。1863（文久3）年末から翌年にかけて、幕府代表の将軍後見職・一橋慶喜と会津藩主・松平容保、薩摩藩国父・島津久光、土佐藩前藩主・山内容堂（やまうちようどう）、越前藩前藩主・松平春嶽らが集まり、「参予（さんよ）会議」が開催されたのである。これは朝廷の呼びかけにより、幕府と雄藩が合議によって政治を進めるという、島津久光らが希望していたとおりの政治体制であった。

しかし、この会議は数カ月と持たず瓦解する。これまで通り政治の主導権を握りたい幕府側と薩摩藩ら雄藩との溝が埋まらなかったからである。さらに、参予会議解体後も、これまで通り独断で政治を進めたい幕府と雄藩はことごとく対立。これにより薩摩藩士らの心は徐々に幕府から離れていく。幕府と合議で政治を進める公武合体政策は不可能だと悟り、新しい世をつくるためには幕府を倒すしかない、という「倒幕思想」が徐々に芽生えはじめるのである。

ここに、似たような考えを持つ男が一人いた。今の幕府は腐っている。この政治体制を変えるために「今一度日本を洗濯」するべきである。そのためには、幕府と対抗する勢力をつくる必要がある。すなわち、現在の日本を代表する雄藩、薩摩藩と長州藩が手を組むしかないだろう。そう考えた男は、さっそく行動に移した。この男こそ土佐藩浪士・坂本龍馬である。

そして、この坂本龍馬と志を一つにし、薩摩藩、長州藩の連携と新しい日本の夜明けの実現のために力を尽くしたのが、トーマス・グラバーである。かのカール・レイマンが会津藩ら佐幕派の藩との取引を盛んに行っていたのに対し、このトーマス・グラバーは、反幕府の姿勢を示した雄藩との取引をメインに行っていた。「薩長同盟」締結にも積極的にかかわったグラバーは、やがて「青い目のサムライ」とも呼ばれるようになるのである。

## 長崎の地に立った天性の商人

トーマス・ブレーク・グラバーは、スコットランドの港町フレーザーバラの生まれである。1838（天保9）年、沿岸警備隊の一等航海士であったトーマス・ベリー・グラバーの5番目の子として生まれた彼は、やがて長兄の経営する船舶仲介会社に勤めることになる。後に大海をまたいで交易に勤しむようになる彼の気質は、この海に囲まれた幼少期の暮らしから育まれていったといってよいだろう。

1857（安政4）年、親戚のコネをたどりジャーディン・マセソン商会に入社したグラバーは、同年、中国上海※へと雄飛した。この異国の地で商人としての資質に磨きをかけ、めきめきと頭角を現した彼は、2年後の1859（安政6）年、今度は長崎の地を踏むことになる。弱冠22歳。時まさに安政の大獄の嵐が吹き荒れていた頃であった。

トーマス・グラバー

わずか2年でジャーディン・マセソン商会の長崎代理人にまでなったグラバーは、1861（文久元）年、独立してグラバー商会を設立する。この会社はジャーディン・マセソン商会の代理店でもあったというから、円満な独立だったといえよう。

※上海
当時の上海は欧米列強の租界があり、清国人の自由がきかない異国人街を形成していた。

グラバー商会も、当初は日本茶を中心として、他に生糸などの貿易に従事していた。これらが開国当初の日本の主たる貿易品だったのは、嘉納治兵衛の項で見てきたとおりである。やがて1863（文久3）年、母国イギリスと薩摩藩との間で薩英戦争が起こる。この戦いで善戦した薩摩藩のことを知ったグラバーは、彼らの強さと将来性に目を付ける。やがて主に西南雄藩を得意先とした船舶や武器類の交易に力を入れはじめるのである。この商いは大いに成功をもたらす。独立して数年で、グラバー商会は長崎の外国商館における最大手といわれるようになるのである。

グラバーが軍艦や武器を西南雄藩らに販売していったのは、単に利益になるから、といった理由だけではない。彼らの「日本を変えよう」という情熱に共感していたからこそ、彼らの必要に応じて武器等を供給していたわけである。それが証拠に、1863（文久3）年には伊藤博文、井上馨（かおる）ら長州藩士が、1865（慶応元）年には、五代友厚、森有礼（もりありのり）ら薩摩藩士が、イギリスに極秘裏に密航して学ぶための手助けもしているのである。幕府の許可を得ない海外渡航を手助けすることは、見つかれば重罪である。しかも、グラバーは、彼らの留学費用まで立て替えているのだ。リスクを承知で薩摩藩や長州藩の若き力を育てるために、最善の努力を尽くしたわけである。

## 時代の転換点、薩長同盟締結

この頃、グラバーと交流を深めていた若き志士がいた。坂本龍馬である。グラバーより3歳年上の彼は、土佐藩を脱藩後、長崎で亀山社中（かめやましゃちゅう）という貿易結社を結成していた。龍馬はこの頃、幕府に対抗する勢力をつくるために、薩摩藩と長州藩とで同盟を組ませようと考え、その実現のために同志中岡慎太郎らとともに文字通り東奔西走していた。しかしながら、薩摩藩は八月十八日の政変や禁門の変で長州藩に壊滅的な打撃を与える中心的役割を担ってきた藩である。長州藩士の心に刻み込まれた「薩摩憎し」の感情は根深いものがあり、同盟交渉は大いに難航していた。

グラバーと交流した坂本龍馬

政治的な交渉が進まないとき、経済分野でまず連携を進めるというのは、現在でもしばしば行われる手法である。薩長同盟も、まずは経済分野での連携促進が図られた。その時、重要な役割を果たしたのが、坂本龍馬とグラバーである。

その構想はこうである。幕府から敵とみなされ、いつ攻撃を受けるかもわからない長州

薩長同盟締結時の薩摩代表の一人・小松帯刀（左）と同じく長州代表・木戸孝允（桂小五郎）（右）（国立国会図書館蔵）

藩は武器が欲しい。しかし、朝敵と見なされている長州藩は艦船や武器の輸入ができない状態にあった。そこで、これらのものを薩摩藩名義のものとしてグラバー商会が輸入して長州へと回送する。その代わりに、長州からは、兵糧が不足していた薩摩へと米を手配するという計画である。

両藩の利害が一致し、この計画は実施に移された。詳細については、グラバーと亀山社中の近藤長次郎、および長州藩士伊藤博文、井上馨らが詰めていった。伊藤、井上は、グラバーの手配によるイギリス留学を終え、再び日本に帰ってきていたのである。

この計画は、無事成功。長州藩と薩摩藩の間のわだかまりは徐々に解消されていった。

そして、1866（慶応2）年1月、坂本龍馬やグラバーの尽力により薩長同盟が締結される運びとなった。長州藩士・木戸孝允（桂小五郎）、薩摩藩士・西郷隆盛、小松帯刀および坂本龍馬らが膝を突き合わせ、巨大な反幕府勢力結集の約束が交わされたのである。

**近代化に大きく貢献**

こうしてグラバーは、薩長同盟締結に尽力したばかりでなく、反幕府の姿勢を強化していく西南雄藩らの軍備強化に大きく貢献していった。1864（元治元）年からの5年間で24隻もの艦船を輸入、売却した他、新式の銃など数多くの武器類を販売していったのである。

それだけでなく、彼は日本の近代化、洋式化にも貢献していった。彼が自ら設計したというグラバー邸は、現存する日本最古の西洋建築として知られ、現在では重要文化財にも指定されている。日本の建築家に西洋の様式を知らしめた功績は大きいといえよう。また、面白いのは、日本に蒸気機関車を紹介したのもグラバーだとされているのだ。彼は蒸気機関車アイアン・デューク号を入手し、長崎の地で数百メートル走らせてみせるというデモンストレーションを行ったのである。1872（明治5）年に新橋―横浜間に鉄道が敷かれる7年も前の話である。現在、大浦海岸通り沿いにあるこの地には、「我が国鉄道発祥の地」という石碑が立っている。

こうして薩長ら反幕府勢力の後押しをして倒幕の力を与えただけでなく、近代化の意味でも明治維新の一大功労者となったグラバーであるが、結果として時代の変遷は、彼を不幸な境遇に陥れてしまう。旧幕府軍と新政府軍の間の戦いは予想されたよりも小規模で、比較的短時間で勝敗がついてしまったため、大きな戦闘を見越して武器類を大量に仕入れていたグラバーは、不良在庫を抱えてしまう結果となったのである。さらに、幕藩体制が崩壊する過程において各藩からの未収金の回収は滞ってしまう。自らがつくり出した新たなる時代の変革の荒波をもろに受け、1870（明治3）年、ついにグラバー商会は倒産してしまうのである。

## 明治維新後のグラバー

しかし、グラバー商会倒産後も、グラバーは日本の地に残り、その近代化に大きな貢献を果たしていく。以前から続けていた高島炭鉱の経営などを続けたほか、ジャパン・ブルワリー・カンパニーという会社の設立に尽力して重役にまでなっている。同社は後のキリンビール（麒麟麦酒株式会社）となっていく。また、1888（明治21）年には、三菱財閥の終身顧問となるのである。

さらに、彼が日本の近代化に果たした功績は、実業の世界だけにとどまるものではなかった。グラバーの後押しにより締結された薩長同盟の中心人物・木戸孝允や西郷隆盛は明治新政府の中枢として活躍したし、グラバーが留学の手配をした伊藤博文、井上馨、森有礼らは後に総理大臣ほか閣僚を歴任し、近代国家日本をつくり出す原動力となっていったのである。

こうして日本の近代化に大きな貢献を果たしたグラバーは1908（明治41）年、勲二等旭日重光章（きょくじつじゅうこうしょう）を受ける。そして、その3年後の1911（明治44）年、東京麻布の自宅にて静かにその生涯を閉じている。74歳であった。

その年の2月、日本は幕末に結ばれた不平等条約の改正に成功。6年前には日露戦争に勝利し、確実に国際社会の一員として地歩を固めつつあった。その陰で、日本の近代化を促進した恩人である「青い目のサムライ」は、日本が欧米と肩を並べるようになるまでに成長していく姿を見届けるようにして、ひっそりと天に召されたのである。

# 14 第二次長州征伐と初代伊藤忠兵衛

【決死の馬関行きを試みた商人】

## 幕府対長州、決戦の火蓋が切られる

禁門の変が起こった翌月、幕府は長州藩追討の軍を組織した（第一次長州征伐）。しかし、この時は、長州藩が幕府に対して恭順の意を示し、三家老切腹※などの対応をとったため、実際に戦闘が行われることはなく、ひとまず事態は落ち着きを見せた。

しかし、その後、松下村塾四天王の内、唯一存命であった高杉晋作がクーデターを起こし、藩論を変えることに成功。禁門の変以来幕府に恭順の姿勢を示していた長州藩は、再び反幕府の姿勢を示し、武装強化などを行うようになっていったのである。

これに対し、幕府は長州再征（第二次長州征伐）を決定。1866（慶応2）年6月、15万を数える幕府の大軍が長州に迫り、ついに戦いの火蓋が切られたのである。戦いは長州藩領へと通じる四つの地域（石州口、芸州口、大島口、小倉口）ではじまった。一時長

※ 三家老切腹
益田右衛門介、福原越後、国司信濃の3人。来島又兵衛や久坂玄瑞と同じく、禁門の変の指揮をとった。

州の地は、四方を敵に囲まれて、戦場と化したのである。肺病に侵されながら、最後の命を燃やそうと決死の覚悟で戦いに臨んだ高杉晋作※、軍艦を率い、戦地馬関（下関）へと乗り込んでいった坂本龍馬ら多くの志士たちの魂は熱く燃え上がった。

いざ戦闘がはじまると、数十倍もの兵力を擁した幕府軍は、長州軍に押され大いに苦戦を強いられた。その理由はいくつか挙げられる。薩長同盟の密約があったため、薩摩藩が征討軍に参加していなかったこと、幕府軍に参加した他の諸藩も幕府に対して忠誠を尽くす気持ちが弱かったこと、亀山社中やグラバー商会の活躍により長州藩の武装が強化されていたこと、などである。

行商から一代を築いた伊藤忠兵衛
（国立国会図書館蔵）

こうして長州藩有利の中、戦いは1カ月を超過していく。戦が長引く中、長州藩領内には故郷が戦禍にまみれることに怯えていた人々も少なくなかっただろう。商業活動等も滞り、日々の暮らしにも不都合が生じていたはずである。

この戦場と化した長州の地に、兵士でもないのにわざわざ外部から赴いた人物がい

※ 高杉晋作
高杉晋作は、この第二次長州征伐の後、1年も経たない1867（慶応3）年4月14日に肺結核のため下関で死去している。吉田松陰の主宰した松下村塾で四天王と呼ばれた志士たちは、すべて維新の時を迎えることができないまま、世を去ってしまったのである。

た。近江商人・伊藤忠兵衛である。なにゆえ、彼は危険を顧みず、長州の地へと向かったのであろうか?

## 近江商人忠兵衛誕生

1842(天保13)年7月2日、近江国豊郷村(現在の滋賀県犬上郡豊郷町)にあった「紅長」という呉服太物を扱う商家に一人の子どもが生まれている。幼名栄吉。後の初代伊藤忠兵衛である。

忠兵衛の生まれた近江の地は、商業の盛んな土地柄である。それも天秤棒一本で商品を担いで売り歩く行商が、商いの基本とされていたところであった。そこから「近江の千両天秤」という言葉も生まれている。「天秤棒一本で千両稼ぐ」そんな近江商人の心意気を示した言葉である。

近江商人の次男として生まれた忠兵衛も、12歳の年から兄に連れられ近隣への行商をはじめている。時は1853(嘉永6)年。ペリーが浦賀に来航し、時代が一気に動き出した年である。それから5年ほど近隣での行商を続け、商いの厳しさと額に汗して働く喜びを覚えた忠兵衛は、1858(安政5)年、叔父の指導のもと、はじめて泉州(現在の大阪府南西部)や紀州(現在の和歌山県全域と三重県南部)へと持ち下り商いを行っている。持ち下り商いとは、大量の商品を担って遠方へと出掛ける出張販売のことである。初めての持ち下り商いで、忠兵衛は7両の純利益を得たという。まずまずの成果を挙げた忠兵衛は、持ち下り商いのうま味を知るようになる。この年、幕府は日米修好通商条約を結び、本格的な開国へと舵を切っている。忠兵衛が商売のコツを覚えていくのとまったく同時に、日本は広く海外へと門戸を広げていたわけである。

忠兵衛は、翌年には叔父とともに九州まで商いの旅に出ている。さらに、その次の年には独力で長崎まで行き、持ち下り商いを成功させたという。まだ19歳の若者であった忠兵衛は商才を発揮し、一人前の近江商人へと変貌を遂げていたのである。

## 決死の馬関行きの代償

1866（慶応2）年、25歳の年を迎えた忠兵衛の耳にも、幕末の動乱の報は嫌でも届くようになる。かつて商いで訪れたこともある長州藩領で戦が起こりそうだという噂である。戦に備えて長州藩では出国を禁じるお触れを出し、他国の人々との商いは長州の海の玄関、馬関のみで行うこととされた。とはいえ、いつ戦がはじまるかわからない状態の時に、朝敵とされている長州藩領に好き好んで商いに行く商人などほとんどいなかった。皆尻込みをしていたのである。

時は6月。長州藩領の人々も夏服に着替えたいと思う頃である。それなのに商品の流通は滞っている。ならば、俺が行こう、忠兵衛はそう考えた。自分の持参する商品を待ち望んでいる人がいる。多くの商人たちが尻込みしている時だからこそ、商品は飛ぶように売れるだろう。お客さまも喜んでくれるだろう。戦におびえた人々が笑顔になれば、長州の町全体が活気づくに違いない。皆が尻込みするようなところに売りに行くからこそ、売り手良し、買い手良し、世間良しという近江商人の経営哲学「三方よし」の精神が実現できるのである。

こうして忠兵衛は、危険を顧みず馬関の地へと足を踏み入れた。案の定、商品は飛ぶように売れた。この時はなんと1500両もの売り上げを挙げることに成功したのである。

しかし、忠兵衛が足を踏み入れたのは戦場である。何が起こっても不思議ではない非常事態であった。戦況が長引く中、長州藩は、馬関に商売に来た旅人らを宿泊させてはならないというお触れを出していく。これには忠兵衛も困り果て、山中の空き家にて空しく時を過ごすことになる。戦時下にある異国の山中でなんと40日もの避難生活を続けるはめになってしまったのである。

## 再訪した馬関の地で待っていたものとは

一方、長州藩有利のまま戦が1カ月以上も経過した7月20日の日、江戸幕府14代将軍・

奇兵隊士たち

第二次長州征伐では奇兵隊も大活躍した。

徳川家茂が急死する。また、8月になると幕府方の要衝、小倉城※が落城。形勢があきらかに不利となった幕府は、将軍死去などを名目に兵を引くことを決定する。15万の兵力を擁した幕府軍が、一藩にすぎない長州藩に敗れたわけである。こうして第二次長州征伐は実質的に長州藩勝利で幕を閉じることになったのである。

戦が終了を迎えたことで、ようやく伊藤忠兵衛も故郷へと戻ることができた。1500両という大きな売り上げを記録したとはいえ、1カ月以上に及ぶ避難生活を経験したとあれば、さすがの忠兵衛も懲りたことだろう、と誰もが思った。ところが、忠兵衛は間違ってもそのような人間ではなかった。故郷で一休みした後、10月下旬には再び馬関へと持ち下り商いを再開したのである。

もっとも戦が終わってからは、それまで商いを躊躇していた他の商人たちも争うように馬関へと向かったために、戦中は誰も寄り付かなかった長州の地が、再び利益を求める商人たちでごった返したといわれている。あまりに供給過多となったために思ったより物は売れず、商売をあきらめ九州のほうへ移動していった商人も多かったという。

ところが、この地において忠兵衛の商品は、かつてのように飛ぶように売れたのである。それはなぜか？　長州、馬関の人々は、自分たちが辛かった時、危険を顧みずに商いに来てくれた忠兵衛のことを忘れてはいなかったのである。安全になったのを確かめて、雨後

---

※小倉城　こくらじょう
現在の福岡県北九州市に存在した城。山縣有朋率いる奇兵隊によって攻略された。なお、このとき一番乗りを果たしたのが、のちの日本陸軍大将・乃木希典である。

の竹の子のように利益だけを求めてやってきた商人たちとは、地元の人々の信用が違ったのである。前回の倍もの商品を持って馬関を訪れた忠兵衛は、かつてないほどの売り上げを挙げるとともに、長州藩領の人々に喜ばれ、地元を活気づかせることができた。まさに絵に描いたような「三方よし」の持ち下り商いを成功させたわけである。

## 近代的企業の創設に着手

こうして持ち下り商いで成功を遂げた忠兵衛は、激変する幕末維新の時代の流れを冷静に見つめ、次なる対応を図っていった。1872（明治5）年、大阪に「紅忠（べんちゅう）」という呉服太物の店舗を開いたのである。この時より彼は、これまでの個人の力量による面が大きい行商というスタイルを改め、企業体として利益を追求する近代的経営を志向していくのである。

31歳という若い経営者であった伊藤忠兵衛は、開店とほぼ同時に「店法」を定め、また徐々に改定を加えていき、新たなる時代に即した経営方針を打ち出していった。それは、社員に対する権限と義務の明確化、会議制度の導入、利益を本家・店・社員に三分すること、などである。すなわち、会議を設けることで社員の意見を聞き、権限を明確化することで自主性も引き出し、それに対する利益の配当にまで言及したわけである。社員のモチベーションを高め、能力を引き出すことに積極的だったといえよう。また、このような近代的な企業体制を構築すると同時に、毎月1と6がつく日には無礼講のすき焼きパーティーを開き、社員とともに酒を酌み交わすことなども行ったという。江戸時代とは違った近代的な企業体制を構築しつつ、社員との家族的なつながりも積極的に持った忠兵衛の会社は大きく発展していった。

事業として貿易を大々的に行っていったのも、伊藤忠兵衛の特徴といえよう。1885（明治18）年には、「伊藤外海組」を組織して対米直輸出をはじめるなど貿易事業への取り組みはますます盛んになっていく。離れた地点間の需要と供給の隔たりをなくし、売り手、買い手、そして地域社会にとって利があるように売買を続けていくことを商いの基本としてきた彼にとって、貿易とは、巨大な持ち下り商いであったのかもしれない。

その後も近江銀行の設立に参加したり、日東合資を設立して対中貿易に乗り出したりするなど日本の近代化に大いなる貢献を果たした伊藤忠兵衛は、1903（明治36）年、62歳で鬼籍に入る。しかし、彼の企業家としての精神は、明治、大正、昭和、平成と移り変わる時代の流れに即応しながら、形を変えて生き続けている。彼が創設した会社「紅忠」は、名称や構造等に変化はあれ、現在の伊藤忠商事、丸紅となり、ますますの発展を続けているのである。

15

【江戸時代に終止符を打った土佐藩の男たち】

# 大政奉還と岩崎弥太郎

## 江戸時代の最終局面に立ち向かう土佐藩

第二次長州征伐の失敗により、幕府の権威は地に落ちた。この後、幕権の立て直しをするべく将軍職に就いたのは、徳川慶喜である。彼は将軍就任前後から、勘定奉行・小栗忠順（おぐりただまさ）を通じフランスと600万ドルにおよぶ借款契約を締結して軍制改革を実施するなど幕政の立て直しに尽力していく。

1867（慶応3）年5月、兵庫開港問題などを協議するために「四侯会議（しこう）」が開かれた。これは、将軍・徳川慶喜と薩摩藩国父・島津久光、土佐藩前藩主・山内容堂、越前藩前藩主・松平春嶽、宇和島藩前藩主・伊達宗城（むねなり）の4大名が集まり、喫緊の重要課題を協議しようという会議である。公武合体派はこの会議に最後の望みをかけたといってよい。しかし、この会議でも幕府と薩摩藩が激しく対立。参予会議の時と同様、会議は紛糾、瓦解してしまうのである。

朝廷のもとで幕府と雄藩の協議により政策を進めていこうという公武合体政策の実現がもはや不可能なことは誰の目にもあきらかになっていた。こうして、薩摩藩、長州藩を中心に、武力による倒幕の動きが明確になってくるのである。

その動きに歯止めをかけようと動いたのが土佐藩である。かつて尊王攘夷活動が盛んだった頃には、土佐勤王党ら土佐藩の尊王攘夷派の面々は過激な攘夷活動に従事していたこともあったのだが、土佐藩自体は佐幕派としての性格を持っていた。それが証拠に土佐勤王党党首・武市半平太※らは土佐藩首脳部の手によって処刑されているのだ。

しかしながら、薩長同盟の締結、第二次長州征伐の敗北により幕府の影響力が低下し、武力倒幕の動きが現実化しつつある中、佐幕派土佐藩は時代の流れに取り残されつつあった。なんとか徳川幕府を支えつつ、土佐藩が政局において影響力を発揮する方法はないものか、と模索した藩首脳部が目を付けたのが、薩摩、長州とも距離が近い脱藩浪士・坂本龍馬であった。

これ以降、土佐藩では前藩主・山内容堂以下、幹部である後藤象二郎、浪士坂本龍馬らが、新たな世をつくり出すために一丸となって活躍することになる。その一翼を担い、主に経済実務の分野で土佐藩の活躍を支えていったのが、後の三菱財閥創設者・岩崎弥太郎である。

---

※ 武市半平太
たけち はんぺいた
（1829〜1865）
号は瑞山。郷士・武市正恒の嫡男として誕生。剣術家として名をあげていたが、黒船ショックから攘夷思想に染まり、勤王の志士へと転身して土佐勤王党を設立。藩政を握っていた吉田東洋を暗殺して藩論を尊王攘夷に転換させる。八月十八日の政変で攘夷派の勢いに翳りが見えると、主君で前藩主の山内容堂に粛清された。

岩崎弥太郎（国立国会図書館蔵）

## 地下浪人・岩崎弥太郎

岩崎弥太郎が生まれたのは、1834（天保5）年のことであった。父弥次郎は土佐国安芸郡井ノ口村に住む地下(じげ)浪人という身分の低い武士であった。武士とはいっても俸禄はなく、実質的には農民のようなもので、しかも酒浸りの男であったといわれている。

身分の低い貧しき家の子どもが日の目を見るためには、学問を身に着けるくらいしかない。弥太郎は伯父の塾で学ぶようになり、やがて、とある藩士の従者となって江戸へと下る機会を得る。1855（安政2）年、江戸の町に着いた弥太郎は、著名な儒学者・安積艮斎(あさかごんさい)の塾で学ぶことを許された。故郷とは違う刺激的な大都会で、一流の師匠について学ぶことができた弥太郎は、このチャンスを活かし、懸命になって学問に励んだという。

しかし、思わぬところから邪魔が入ってしまう。故郷の父弥次郎が酒に酔って地元の有力者と争い大けがを負ったというのだ。青雲の志に燃えていた弥太郎であったが、この知らせを聞きつけると、家族の危機を救うため急ぎ江戸を後にした。このため、結果的に彼が江戸で学ぶことができたのは、1年余りという短い期間となってしまったのである。

故郷に帰った弥太郎は、この事件の余波で投獄まで経験する。しかし、転んでもただでは起きなかったのが弥太郎である。この時、同じ牢獄にいた商人から算術を学んでいるのだ。この牢獄での経験が、後に弥太郎の一生を左右することになる。

やがて牢を出た弥太郎は、かつて藩の要職にあった吉田東洋（よしだとうよう）の少林塾に学ぶことになる。吉田東洋は、宴席での態度が問題視され、この時蟄居（ちっきょ）処分を受けていたのである。この少林塾で学んだことが弥太郎の出世に大きな影響を与えることになる。学問はもちろんのこと、後に藩の重役となる後藤象二郎などの知遇を得、また吉田東洋からも目をかけられるようになったからである。

弥太郎に再びチャンスが巡ってきたのは、1859（安政6）年、25歳の時だった。師吉田東洋が藩政に復帰するに伴って職を与えられ、長崎へと旅立つことになったのである。お役目は西洋事情を調査すること。しかし、江戸とは違った異国情緒あふれる華やかさに満たされたこの地で公金を使える身分となった弥太郎は、夜な夜な花街へと繰り出したのである。もちろん、外国人や外国事情に詳しい人々と酒杯をともにすることで、海外事情を知ろうという気持ちもあったであろう。しかし、ものには限度というものがある。一説には100両余りという公金を使いこみ、金策のため無断帰国したことが咎められ、わずか半年足らずで失職してしまうのである。

## 長崎で交錯する三人の土佐の男たち

それからしばらく弥太郎は雌伏の時を過ごしていた。その後、彼の運命が上向いてきたのは、吉田東洋の塾で知遇を得た後藤象二郎が藩の要職に就いた頃からである。やがて、1867（慶応3）年、ついに彼は2度目の長崎行きを言い渡され、土佐藩の富国強兵政策を担う開成館の長崎出張所で貿易等の実務を取り仕切ることになったのである。

3月10日、土佐から長崎行きの船に乗った弥太郎であったが、その長崎の地では、彼よりも年下の土佐の男たちが、既に派手な活躍を繰り広げていた。

その一人は後藤象二郎。彼はこの長崎の地で軍艦や武器の買い付け等を行っていたのだ。前年からの1カ年で彼が契約したのは船舶7隻や鉄砲、弾薬等で合計42万6851両に上ったという。わずか100両の公金使い込みが元で赦免となった弥太郎とは桁違いの消費ぶりである。しかも、その支払いのための金策は、具体的に整っていたわけではなかったという。岩崎弥太郎が長崎の地で行うことになった実務作業とは、主に後藤の行った無理な買い付けの事後処理でもあった。

もう一人は坂本龍馬である。薩長同盟を成立させ、第二次長州征伐での長州藩勝利にも一役買った彼は、亀山社中の長として長崎を一つの拠点に活動していた。

この龍馬と後藤の二人は、弥太郎が長崎に来る少し前に面談を果たしている。実はこの二人、これまでは互いにいがみ合っていた仲であった。龍馬も参加していた土佐藩の攘夷派組織「土佐勤王党」は、後藤象二郎の師であり親戚でもあった吉田東洋を暗殺していたし、後藤象二郎は、土佐勤王党党首で龍馬の遠縁にあたる武市半平太の処刑に携わった張本人でもあったからである。互いに仇敵として憎み合っていた二人であったが、ここにおいて、ついに世の中を変えるという大義のため、恩讐を越えて結びつきを深めることとなったのである。

後藤象二郎

これにより、後藤象二郎は現在の政局のカギを握る龍馬と結びつくことで土佐藩の存在意義を高めることができたし、龍馬は土佐藩という後ろ盾を得ることで活動に幅ができた。この時より、龍馬率いる亀山社中は、土佐藩の外郭団体「海援隊」となる。そして、岩崎弥太郎は、海援隊の会計処理なども見ることになるのだ。幕末の風雲児・坂本龍馬と幕末維新の功労者・後藤象二郎が、それぞれ自在に時代を駆け抜けていった陰には、岩崎弥太郎という男の実務的支援があったわけである。

## 龍馬に賭けた弥太郎の想い

弥太郎が長崎に来てから約3カ月が過ぎた1867（慶応3）年6月9日、坂本龍馬と後藤象二郎らは、四侯会議のために上洛していた土佐藩前藩主山内容堂に会うために船で長崎から京都へと向かった。この船上で龍馬が後藤に語ったのが、有名な「船中八策」である。これは、龍馬の国づくりに関する展望を8か条にまとめたものであるが、その第1条には「天下の政権を朝廷に奉還せしめ、政令よろしく朝廷より出づべき事」とある。徳川幕府が朝廷に政権を返上する、いわゆる「大政奉還」について書かれていたのである。

これにより武力による倒幕という事態を避けつつ、朝廷を中心とした新しい世をつくることが可能となる。幕府はなくなるが、徳川家は今後も指導的立場で政治にかかわることができるため、佐幕派の立場を堅持する土佐藩前藩主・山内容堂にとっても受け入れやすく、土佐藩が政局を主導していくには、絶好の方策でもあった。

やがて、この大政奉還案は、後藤象二郎から山内容堂、そして江戸幕府15代将軍・徳川慶喜へと伝えられた。そしてついに10月14日、徳川慶喜は朝廷に大政奉還を上表。250

年以上続いた江戸幕府の歴史はここに終わることになる。この知らせを聞いた龍馬は「よくも断じたまえるものかな」と涙ながらにその英断を称えたという。

この大政奉還実現の発端となる船旅に、後藤象二郎と坂本龍馬が出発する6日前、弥太郎と龍馬は酒を酌み交わしている。弥太郎の日記には「坂本良（龍）馬来たりて酒を置く。従容（しょうよう）として心事を談じ、かねて余、素心在るところを談じ候ところ、坂本掌をたたきて善しと称える」とあり、腹を割って時事について語り合い、弥太郎の語った言葉に龍馬が共感した旨が書かれている。

ひょっとすると、弥太郎が「素心在るところ（日頃思っていたこと）を談じ」たことが、龍馬の「船中八策」に影響を与えたという可能性も否定はできない。その6日後、出航した船を見送った弥太郎は、「余、不覚にも数行の涕（なみだ）を流」したという。この旅立ちが世の中を変えることになると弥太郎は感じ取っていたに違いない。弥太郎の日頃の政局に対する想いは、龍馬に託され、それが無事に花を開くことになったといっても

大政奉還を決断した最後の将軍・徳川慶喜
（国立国会図書館蔵）

よいのかもしれない。

### 三菱財閥を作り上げた「東洋の男児」

大政奉還の実現から約1カ月後、坂本龍馬は凶刃に倒れる。33歳の若さであった。しかし、明治の代となってからも岩崎弥太郎は力強く生き続けた。いや、自由な商売がしやすい環境となった明治になってからこそ、弥太郎はその本領を発揮したといってもよいかもしれない。

土佐藩の開成館事業は民間の九十九(つくも)商会に譲渡され、弥太郎がその指導者となる。後には三菱商会と名を変え、弥太郎はそのオーナー兼経営者となる。さらに海運業、鉱業、金融業、造船業など幅広く事業を行い、明治日本を代表する企業体である三菱財閥の基礎を築いていくのである。

常人の何倍もの事業を行ってきた弥太郎であったが、その志はまだまだ尽きるところはなかった。病の床で彼は、「我東洋の男児と生まれ航海運輸等の事業を創め、未だ其の業の三分の一だに成し遂げず今将に病みて死するは如何にも残念」と語ったという。

幕末維新の世に大きな貢献を果たした経営実務の天才・岩崎弥太郎は、その意志を後世に託し、52歳で死出の旅へと出航したのである。

第四章

# 明治の代を華麗に生きた豪商たち

# 16 鳥羽伏見の戦いと三野村利左衛門

## 【新政府と旧幕府の争いに関わった三井の大番頭】

### 戊辰戦争勃発！

江戸幕府最後の将軍・徳川慶喜は、大政奉還を行い政権を朝廷に返上したとはいえ、その後も日本一の大大名として政権の中枢に居座るつもりでいたという。ところが、それに我慢がならなかったのが、薩摩、長州ら反幕府派の志士たちである。そこで彼らは岩倉具視（ともみ）らの公卿を味方につけ、御所において「王政復古の大号令」を発し、その後、「小御所（こごしょ）会議」で新たな政権を発足させた。徳川家には、すべての官職を辞し領土を返還させること（辞官納地）を要求し、正式に幕府を廃して三職（総裁、議定（ぎじょう）、参与（さんよ））という役職を設け、新たな政権を打ち立てることを発表していく。

しかし、250年以上続いた徳川の世を終わりにさせるには、反幕府派のとった手法は少々早急すぎたのかもしれない。これらに対し土佐藩前藩主・山内容堂、越前藩前藩主・

鳥羽伏見の戦いを描いた錦絵（『大功記大山崎之図』国立国会図書館蔵）

松平春嶽ら佐幕派による徳川擁護の動きが活発化。やがて辞官納地の要求も宙に浮いてしまったばかりか、新政権の議定として徳川慶喜が就任することまでもが内定してしまう。

目論見の外れた薩摩藩ら反幕府派の人々は、ここで再び武力倒幕の動きを活発化させた。まずは徳川のお膝元である江戸の町で、薩摩藩を名乗って強盗、放火等の狼藉を繰り返し、幕府側を挑発していったのである。

やがて薩摩藩の手先が、佐幕派の庄内藩の屯所（とんしょ）へ発砲するという事件が起きると、それが挑発だとわかっていながら、庄内藩兵は薩摩藩邸を焼打ちしてしまう。これを先途として幕府側の「薩摩憎し」の衝動は止められなくなり、その圧力に押されるように徳川慶喜も「討薩（とうさつ）の表」を発してしまう。こうして、ついに旧幕府軍は京都へ上り、薩摩藩ら新政府軍との武力衝突が開始されることとなるのである。

旧幕府軍と新政府軍の争いである戊辰戦争は、1868(明治元)年1月、京都の鳥羽伏見ではじまった。この戦いでは、官軍(朝敵征討軍)の証である錦(にしき)の御旗(みはた)を掲げたことにより、新政府軍が戦闘を有利に進めていった。これにより、日和見を決めていた諸藩も新政府軍側として参戦したのである。やがて、朝敵とされた徳川慶喜が、戦い半ばで江戸へと帰還し恭順の姿勢を示したことで、「鳥羽伏見の戦い」は新政府軍の勝利に終わる。そして緒戦を制した新政府軍は最終決戦のために江戸へと進軍していくことになる。

世相はいよいよ混沌とした。その影響から多くの商家等が没落していく中で、時代の推移を見定めながら窮地に立たされた老舗・三井を、近代日本を代表する企業へと押し上げた商人がいる。三野村利左衛門(みのむらりざえもん)である。

## 苦労人三野村利左衛門の半生

三野村利左衛門の前半生には不明な点も多いのだが、薩摩藩邸焼打ちなどで幕府寄りの姿勢を明確に示した庄内藩の武家の出身だという。彼の父は、成育後に家を飛び出し諸国を奔走。放浪先で生まれたのが利左衛門であった。その後、父は亡くなり一家は離散。天涯孤独の身となった彼は、10代半ばで放浪生活を経験する。雪の越後路では民家の軒下にあった藁の中で一夜を過ごしたこともあったという。やがて１８３９（天保10）年、江戸に出て、ようやく住み込み丁稚奉公の口を得ると、彼はその店で精一杯働いたという。

その後、知人の紹介で、利左衛門は、後に幕府勘定奉行となる小栗忠順の家に仕えることとなる。利発で苦労人だった利左衛門のことを小栗も気に入ったようで、利左衛門は、小栗のもと経済、財政等さまざまなことを学ぶようになったという。

後に利左衛門は砂糖商を営む紀ノ国屋の主人に見込まれ、婿養子となる。この店で彼は金平糖（こんぺいとう）の行商などをしていたようだ。また、かつての主人である小栗家などにも商いにうかがっていたらしい。やがて彼は貯めたお金で両替商の株を買い、小さな両替店を開いた。32歳の頃という。天性の才があったのか、若い頃に小栗忠順という財政のプロと出会ったことが幸いしたのか、この両替店は小さいながらも成功を遂げていく。

ある時、その後もつきあいを重ねていた小栗忠順から、ある情報を仕入れた。日本の金銀交換比率が海外と違っているため、近々それに対応する改鋳が行われるという

三井財閥中興の祖・三野村利左衛門
（国立国会図書館蔵）

のである。嘉納治兵衛の項で詳述した話である。つまり、改鋳後は同じ1両でも金の量が少ない金貨しか手に入れることができなくなる。今のうちに金がたくさん含まれている現行の金貨を買い占めておけば、改鋳後は数倍の価値になる。まさにぼろ儲けである。しかし、どんどん金貨を買い占めたくても資金に限界がある彼は、大店である三井両替店にも事情を話して、買い占めては三井に売ることで、利左衛門も三井も大儲けができた。買い占めた金貨を販売。こうして利左衛門は小さな両替商で成功を遂げるとともに、三井家ともつながりを深めていくことができたのである。

## 小規模両替商店主が三井を救う！

その頃、三井家は大店なりの悩みを抱えていた。ペリー来航以降の政情不安により、幕府はさまざまな名目で御用金を豪商たちから徴収していたのだが、天下の豪商三井には、とりわけ厳しい注文がなされていたのである。第二次長州征伐の行われる1866（慶応2）年には、なんと150万両もの御用金が申し付けられたのである。前述のとおり、土佐藩の後藤象二郎が、船舶7隻などを含む武器弾薬の調達で乱費した金額が42万両強であった。その3倍以上に当たる金額を一商家に負担させようというのは、さすがに無理な注文である。

困り果てた三井家首脳が藁にもすがる思いで幕府への御用金減免交渉役として起用したのが、三野村利左衛門であった。放浪生活で鍛えた度胸、すぐれた金銭感覚、そして何より江戸幕府の財政を掌る勘定奉行・小栗忠順とのつながりに期待したのである。

三井家に頼まれた利左衛門は、その期待に応えようと背水の陣の心構えで、小栗のもとに交渉に行った。一説には、遺書をしたため短刀を胸にしまいこみ、もし交渉が決裂したならば自害も辞さぬという心持ちで交渉に臨んだという。その気迫が勝利をもたらした。１５０万両の御用金を一旦は3分の1の50万両に減らすことに成功。さらに交渉を重ね、18万両に減免、しかも3カ年分納という破格の条件まで引き出したのである。

こうして単身、三井の窮状を救った三野村利左衛門は、この後、三井家に迎えられることとなった。46歳のことである。通常、幼い時から丁稚奉公として働き、徐々に出世していくという体制をとっていた三井家にとって、40代の男が、しかも番頭（支配人）として抜擢されるというのは異例中の異例といってもよかった。

この翌年、大政奉還、王政復古の大号令などを経て、幕府が崩壊、新政府が発足する。この時代の流れを読み、いち早く対応したのが三井家である。既に薩摩藩の中心人物である西郷隆盛や小松帯刀らと好（よしみ）を結んでいた三井家は、島田組、小野組という豪商を誘い、３家合同となって新政府の金穀出納所※為替御用達に任じられ、さらに、１０００両という

※ 金穀出納所
きんこくすいとうじょ
１８６７（慶応３）年に朝廷内に設立された財務機関で、大蔵省の前身。

額を新政府に献納する。さらに、1868（明治元）1月に鳥羽伏見の戦いが勃発すると、島田、小野とともに1万両もの献金を行っているのだ。この時点で、三井は新政府支持の姿勢を明確にしたのである。この時、中心的役割を果たし、三井を新政府寄りに転換せしめたのが、三野村利左衛門だったともいわれている。これまで幕府寄りの姿勢を貫いてきた古参の首脳たちの説得等にも尽力したのだという。

### 旧幕府と新政府の狭間で

鳥羽伏見の戦いで幕府軍が劣勢にある中、将軍・徳川慶喜は、密かに戦場を抜け出し、江戸へと帰還した。この時、恭順の姿勢を示していた慶喜に対し、徹底抗戦を主張したのが、小栗忠順であった。その少し前からフランスと結び軍制改革を進めていた小栗からすれば、当然のことだったのかもしれない。しかし、この主張が慶喜と対立し、彼は知行地である上野国（こうずけのくに）（現在の群馬県）へと遠ざけられてしまう。

この時、失意の小栗忠順を訪ねた男がいる。いまや三井の幹部となった三野村利左衛門である。彼の勧める三井は新政府寄りの姿勢を固めたとはいえ、かつて主人であった小栗への恩義を忘れてはいなかったのである。彼は、密かに小栗に千両箱を手渡し、アメリカへ亡命することを提案した。小栗がかつて日米修好通商条約の批准書交換のため、渡米し

江戸幕府勘定奉行・小栗忠順
（画像：国立国会図書館蔵）

小栗忠順

た経験があったことなどを考慮に入れた献策だったのだろう。

しかし、小栗は利左衛門の提案を拒絶。激変する日本に留まることを選んだ。そして、自分にもしものことが起こった際に家族の面倒を見てほしいとだけ語ったという。

同年3月、鳥羽伏見の戦いで勝利した新政府軍は江戸の町へと迫る。そして、江戸での最終決戦が目前となった3月13、14日の両日、幕府代表の勝海舟と新政府代表の西郷隆盛の間で会談がもたれ、江戸無血開城が決定する。これにより江戸が戦禍に包まれる事態はギリギリのタイミングで回避されることが決まった。その代わりに、幕府は名実ともに崩壊。江戸時代は正式に終わりを告げることになる。

しかし、この決定に不服を唱えていた旧幕府側の人間も多数いた。旧幕臣たちの一部が彰義隊（しょうぎたい）を結成して上野に籠もり抗戦を叫んだほか、会津藩ら佐幕派の藩、榎本武揚が率いる旧幕府海軍の人々や新撰組※の残党たちもまた抗戦の姿勢を貫いた。彼らと新政府軍との争いは、この後、1年以上も続いていくのである。

### 三井財閥中興の祖

江戸無血開城が決定した翌々月、利左衛門の危惧したとおり、新政府軍は上野国にいた小栗忠順を捕縛、処刑する。その時、生前の意思を守り、彼の妻子らを自邸に引き取り面

※ 新撰組
新撰組は鳥羽伏見の戦い、甲州勝沼の戦いなどで敗北を経験。その後、再起を期して下総国流山（現在の千葉県流山市）の地にいたところを新政府軍に囲まれてしまう。その時、近藤勇が身分を偽って投降した隙に、辛うじて他のメンバーは包囲網を脱出。しかし、近藤勇は正体がばれて斬首となり、新撰組は瓦解。残った土方歳三らはその後も抗戦を続けることになる。

倒を見たのが、三野村利左衛門であったという。

やがて、明治の代となってからも三野村利左衛門は三井の中枢として改革を断行。三井家同族の権限を制限したり、創業以来の家業であった呉服業を分離して金融業を中心とした事業の再構築を図ったりといった改革を進めていったのである。ちなみに、三井家から分離した呉服店が、現在まで続く老舗百貨店三越となる。

また、新政府への対応に関しても、利左衛門は辣腕（らつわん）をふるった。政府御用担当金融業者に対し新政府が多額の抵当金の差出を命じた際も、それに対応できず小野、島田組が倒産の憂き目に遭ったにもかかわらず、三井では利左衛門が事前に情報をつかみ、必要な資金の手当てをしたことで、無事、この難局を乗り越えたといわれている。

その後、三野村利左衛門は１８７７（明治10）年、病死している。彼が三井家に入って活躍したのは、十数年と短い期間ではあったが、小野組、島田組、天王寺屋、平野屋といった多くの老舗豪商が時代の荒波に抗うことができず没落していったのを尻目に、見事三井を近代日本有数の企業へと昇華させたその手腕は、いまも称賛されて止まない。かつて天涯孤独の放浪生活を続けていた男は、「三井財閥中興の祖」と呼ばれるようにまでなったのである。

# 17 戊辰戦争と大倉喜八郎

【機先を制して財閥を築いた男】

## 北上して激化する戊辰戦争

前項で語ったように、徳川慶喜が新政府に恭順の姿勢を示し江戸城が無血開城になったとはいえ、最後まで抗戦を訴えた旧幕府側の人間と新政府との争いは、明治の代になっても続いていく。

旧幕臣らで構成された彰義隊は、徳川家の菩提寺である上野寛永寺に陣取り、徐々に体制を整えていった。その数、2000～3000名といわれている。これに対し、新政府側は長州藩士の大村益次郎※を中心に攻撃をかける。5月15日からはじまった戦闘では、強力なアームストロング砲を駆使した新政府側が、わずか1日で彰義隊を壊滅に追い込んでいる。

その後、戦線は北上。大きな戦闘が行われたのが会津である。かつて京都守護識として

※ 大村益次郎
おおむら ますじろう
(1824～1869)
長州藩の医者の家に生まれ、大坂の緒方洪庵の適塾で学び、蘭学を修める。戊辰戦争では官軍の指揮官として第一級の武功を挙げ、新政府では兵部大輔となり軍編成を任されていた。

活躍し、新撰組を配下につけて池田屋事件や禁門の変などで長州藩士らを弾圧していった会津藩に対する新政府側の怒りは、大きいものがあったのである。

この戦いには、会津藩士・山本覚馬の妹八重(やえ)や、元新撰組副長・土方歳三、三番隊組長・斎藤一(はじめ)、そして旧幕府軍歩兵奉行・大鳥圭介※らも参加。約1カ月に及ぶ激しい戦闘が続いた後、ついに会津藩主・松平容保は降伏。その後も斎藤一らは城外で戦闘を続けたのだが、やがて松平容保の説得により矛先を収めている。

しかし、まだ抗戦の余地ありと見た土方歳三や大鳥圭介らは、会津の地を脱出する。やがて彼ら旧幕府軍の残党は仙台の地に結集。旧幕府海軍副総裁・榎本武揚(えのもとたけあき)率いる軍艦に乗り込み、活路を蝦夷地に求めた。彼らは、かつて高田屋嘉兵衛らの手によって開発された町、箱館に本拠を構え、新政府軍に抗う姿勢を見せた。

榎本武揚を総裁として独立政権の様相を呈した彼らであったが、1869(明治2)年4月より新政府軍の攻撃を受け、徐々に劣勢に陥る。5月11日には、新政府軍の総攻撃がはじまり、元新撰組鬼の副長・土方歳三も戦死を遂げてしまう。そして、1週間後の18日、榎本武揚総裁が降伏を申し出る。1年半弱も続いた「戊辰戦争」は、ようやく終わりを見せたのである。

この戊辰戦争における動乱を予見し、莫大な利益をあげたのが、大倉喜八郎(おおくらきはちろう)である。彼

※ 大鳥圭介
おおとり けいすけ
(1833~1911)
漢学・儒学・蘭学に精通し、英語はジョン万次郎に学ぶ。幕臣としては陸軍畑を歩み、強硬派として鳥羽伏見から箱館までを戦い抜く。戦後は外交官になった。
(画像:国立国会図書館蔵)

大鳥圭介

は、町人の家に生まれながら自ら戦に関わる仕事に従事し、新しい時代をつくっていった。

**身分制度の矛盾を感じ江戸へ**

「渡り来しうき世の橋のあと見れば　いのちにかけてあやうかりけり」

これは大倉喜八郎が、自分の人生を振り返って詠んだ歌である。この歌にあるとおり、彼の一生は、常に危険との隣り合わせであったといえよう。

1837（天保8）年、大倉喜八郎は、越後国新発田（しばた）（現在の新潟県新発田市）の質屋の子として生をうけている。町人とはいえ、家は殿さまに拝謁できるほどの格式のある名主の家であったが、喜八郎は5人兄弟の4番目であり、やがては家を出て一人で身を立てていかなければならない境遇であった。

17歳の頃のある日、商売をしていた友人の家の前を通ると、門がすっかり閉じてある。どうしたものかと思い、裏口から友人を訪ねて理由を聞いてみると、彼の家は、閉門および1カ月の営業停止という厳しい

大倉財団を築いた大倉喜八郎
（国立国会図書館蔵）

罰を与えられたのだという。どんな重罪を犯したのかとよくよく聞いてみると、みぞれ雪の降る日に、この友人の父が道端で侍と出会ったのがことのはじまりだそうだ。侍と出会えば、町人は土下座して道を空けるのが新発田藩の決まりごとになっていたので、彼の父もそれに従ったという。

しかし、侍がその様子を咎めた。いきなり袴（はかま）の裾（すそ）をまくりあげて、「足駄（あしだ）を履いたまま、土下座するとは何事か！」と怒鳴られたというのだ。土下座をしなかったのならばまだしも、土下座のやり方がなっていないといった難癖をつけられ重罰を科せられるとは、あまりに理不尽。こんな町にいても将来はない、と憤慨した喜八郎は、この時、政治の中心地江戸へと出ることを決意したという。

1854（安政元）年、18歳で江戸へ出た彼は、日本橋で商いをしていた友人を訪ね、その仕事を手伝い、やがて鰹節店に奉公にあがるようになる。ここで商売のいろはを学んだ彼は、やがて同店を退職し上野に小さな乾物店を開く。まだ若い20歳の頃のことである。

しかし、「商売は何事によらず、其（そ）の機先を制さなければならぬ」ということを信条としていた彼は、常に時代の先を見据え、商機を探していた。ある日、彼は商売のネタを探しに、開港場として知られていた横浜の地を訪れた。その地で彼が初めて見たものは「黒船」であった。巨大な外国の蒸気船を目にした彼は、「こういうものが日本へ来るようになっては屹度天下は一変する」「必らずや騒動が惹き起されなければならぬ」と考えた。

時はまさに、池田屋事件、禁門の変などが起こり、世の中が騒然としてきた頃でもある。世に戦いが起きる時に必要となるのは武器の類だと悟った喜八郎は、すぐさま江戸に戻り、「大倉屋」鉄砲店を開く準備にとりかかったのである。

## 旧幕府軍に拉致された喜八郎

大倉喜八郎が鉄砲店を開業したのは、1865（慶応元）年のことだといわれている。その直後、第二次長州征伐が起こる。この時幕府は、前述のように諸藩に呼びかけ、15万もの征討軍を組織したのであるが、中にはこれに合わせて慌てて兵器の手配を行う藩などもあったようで、開店間もない大倉屋鉄砲店も大繁盛をしたという。機先を制し、商売は大成功していったのである。

その後も騒然とした世相が続いていく。1868（明治元）年には鳥羽伏見の戦いが起こり、江戸城は無血開城されたものの、新政府軍と旧幕府軍の争いである戊辰戦争は続いていく。この時、大倉喜八郎は、新政府軍の大総督・有栖川宮熾仁親王に召され、新政府の御用達となる。新政府軍の武器弾薬類はもちろんのこと、兵糧の調達まで引き受けることになる。商売は大いに繁盛したのだが、好事魔多し。同時に一部の人からは妬みも買うことになるのである。

ある夜、彼は突然、数十騎という兵に囲まれ、拉致されてしまう。連れて行かれた先は旧幕府軍の彰義隊本営である。彼を拉致した彰義隊の一人はこういった。「その方、永年幕府の恩顧を蒙りながら、今さら官軍の手先となるとはなんという不届きものぞ！」

この時は、さすがの喜八郎も死を覚悟したという。しかし、逆に死を覚悟すれば怖いものはない。気性の荒い軍人を相手に喜八郎は「私は越後から参った商人です。官軍であろうと幕府であろうと区別はありません」と答えた。すると、彰義隊の一人は「ならばなぜ官軍には売って彰義隊には銃を売らないのだ！」と問い詰める。「官軍はすぐに代金を払っていただけるからです」と答えたという。その時、「黙れ！」と叫ぶ声があがり白刃を突きつけられたのだが、喜八郎は堂々とした態度を崩さない。すると、ある将校が出てきて、「それならば、金を払えば銃を売るのだな」と尋ねる。「無論」と、喜八郎が答えると、「では、3日以内に500挺の銃を納めよ！」という話となり、その場はなんとか解放されたという。1868（明治元）年5月14日のことである。

翌15日早朝から、新政府軍による彰義隊への攻撃がはじまり、彰義隊は壊滅する。その主原因は武器の差であった。もし、もう少し早く彰義隊と大倉喜八郎との間で取引がなされていたら、あるいは歴史は変わっていたのかもしれない。

上野戦争

彰義隊と新政府が衝突した上野戦争
（画像：『東台大戦争図』部分／国立国会図書館蔵）

## 武器運搬船が難破して敵地に！

新政府と旧幕府との争いは北上し、いよいよ旧幕府側の拠点はほぼ箱館を残すのみとなる。機先を制することを商売の基本と考えていた喜八郎は、箱館で起こるであろう戦で一儲けしようと遠く青森へと船を出す。箱館戦争で榎本武揚ら旧幕府側と対峙することになる青森の新政府軍に武器を売りに行く計画である。しかし、もし、航海中に箱館の旧幕府軍に見つかったら、それこそ命はない。だが、それゆえに利益は大きい。そこで喜八郎は、ドイツ人の船長を選び、喜八郎自ら総指揮官となり、決死の航海に出たのである。

しかし、彼らを乗せた船は、関門海峡付近で暴風雨に遭い、なんと敵地箱館に漂着してしまったのである。やがて、旧幕府側と思われる検察官が船に近寄ってくる。もし、武器を積んであることがわかったら、それこそ命はない。その時、船長たるドイツ人が機転を利かせ、「私はドイツ人である。ドイツ人の運航する船を疑うのか？　もし、この船の積み荷を確かめるというのであれば、まずはこの首をはねてから検査せよ」と啖呵を切った。この船長の迫力により、検察官もことを荒立てずにその場を去った。辛うじて危機を逃れた彼らは、嵐が去るのを待って箱館を後にしたという。

苦難を経て、大倉喜八郎らの一行は青森で武器の売買に成功する。やがて、箱館戦争で旧幕府軍は降伏。武器商・大倉喜八郎の活躍もあり、戊辰戦争は新政府側の勝利で幕を閉じることになる。

その後、彼は1877（明治10）年の西南戦争における武器等の手配でも奮闘するのだが、彼の活躍はそれで終わりではなかった。「機先を制する」ことを旨とした彼は、明治の代となり、西洋文明がどんどん輸入されるのを見て、いち早く「洋服」の流行を察すると洋服裁縫店を開店。さらには貿易事業に手を出すなど、幅広く業務を手掛けることになる。戦時には武器を、平時には平時に見合った商品の売買に勤しんだのである。

**日本を代表する財閥設立**

1872（明治5）年、大倉喜八郎は、当時まだ珍しかった私費での欧米視察旅行に出かけている。商人による最初の海外旅行だともいう。この旅行で、同じく欧米視察に出かけていた岩倉具視、大久保利通、伊藤博文ら新政府の要人とめぐりあい知遇を得たことが、この後の商いにも大きな影響を及ぼすことになる。

帰国した翌年、早速彼は大倉組商会を設立。さらにその翌年にはロンドンに支店を設け、直貿易に乗り出している。また、1876（明治9）年に日朝修好条規が締結されると、すぐに大倉組釜山支店を開設。朝鮮貿易にも従事する。国際社会に開かれた日本の到来を見越し、貿易事業で大きな繁栄をもたらしたのである。

さらに1917（大正6）年には、持ち株会社である合名会社大倉組を組織。大倉商事、大倉土木、大倉鉱業を中核とした大倉財閥を作り上げていく。この大倉財閥は第二次大戦直後の段階で関係会社数48、資本金規模で国内第8位という大財閥に成長するのである。

また、彼は日本資本主義の父といわれる渋沢栄一とともに帝国ホテル、東京瓦斯会社、札幌麦酒会社などの創立に尽力。彼が創立に関わり、現在も繁栄を続けている会社は、大成建設、日清オイリオ、あいおいニッセイ同和損保、日本化学工業、東京製綱、日本無線など枚挙にいとまがない。

さらに彼は、文化芸術の分野でも貢献した。日本初の私立美術館である大倉集古館を設立したほか、大倉高等商業学校（現在の東京経済大学）、大阪大倉商業学校（現在の関西大倉中学校・高等学校）などの学校も設立している。

幕末維新の激変期を、持ち前の胆力と先見性で切り抜けた大倉喜八郎は1928（昭和3）年に天寿を全うする。享年92歳であった。

# 18 殖産興業と渋沢栄一

【近代化の舵をとった日本資本主義の父】

### 明治政府による近代国家建設

1868（明治元）年4月、江戸城の無血開城を果たした新政府は、旧幕府軍と戊辰戦争で戦いながら、新しい政治体制を構築していく。7月には江戸を東京と改め、9月には元号を明治と定めた。こうして発足した明治新政府は、公家の三条実美、岩倉具視らと、幕末維新に功績のあった薩摩藩の西郷隆盛、大久保利通、寺島宗則、長州藩の木戸孝允（桂小五郎）、伊藤博文、井上馨（かおる）、山縣有朋（やまがたありとも）、土佐藩の後藤象二郎、板垣退助、肥前藩の大隈重信、江藤新平らを中心として、さまざまな改革に努めていく。

まずは、かつての江戸幕藩体制に代わる社会制度を構築するために、1869（明治2）年に「版籍奉還」、1871（明治4）年に「廃藩置県」を行い、藩を解体。従来の藩主を廃し、政府の任命した府知事、県令を代わりに派遣するという中央集権体制を構築した。

同時に、これまでの士農工商の身分制度を廃して「四民平等」とし、20歳以上の男子に兵役の義務を課す徴兵制度を確立させた。これにより、旧来の特権を奪われた武士階級（士族）は、没落する者も多くなり、不満がくすぶるようになる。

一方、政治体制とともに、社会経済の発展にも精力を傾けた。西洋の文明を積極的に取り入れることで、街には洋装の人々や洋風の建物が増え、ガス灯や蒸気機関車が導入された。郵便制度が整い、学制が発布され、暦は太陽暦に、貨幣の単位は円・銭・厘に変わっていった。こうして近代的な社会体制が育まれていったのである。

また、政府は「殖産興業」の名のもと、経済分野での成長にも力を入れた。西洋から外国人の技師等を大量に雇い、富岡製糸場などの官営工場を次々と設立していった。また、国立銀行条例を制定し、民間の豪商たちと結んで、経済活動の要となる銀行の設立を促していった。

これら殖産興業の中心人物として活動したのが、旧幕臣の渋沢栄一（しぶさわえいいち）である。後に日本資本主義の父と呼ばれるようになる渋沢であるが、その青年時代に目を転じれば、彼も実は、尊王攘夷活動に勤しんでいた幕末の志士の一人だったのである。

## 尊王攘夷派の志士・渋沢栄一

渋沢栄一は、1840（天保11）年、武蔵国榛沢郡血洗島（現在の埼玉県深谷市血洗島）で生まれている。生家は武家ではない。農家の生まれである。とはいえ、父は名主で、農業のほか養蚕、製藍なども手掛ける豪農であり、地元の名士といってよかった。渋沢は、この名家の長男として生をうけたのである。

日本資本主義の父・渋沢栄一

やがて5歳から父について学び、8歳頃から従兄弟の尾高惇忠の塾に通い、論語などを学んでいる。この尾高惇忠は、渋沢より10歳年上で、当時まだ18歳。それでいて一廉の学者として名を成しているわけであるから、かなりの秀才ぶりである。また、彼は水戸学にも通じ、やがて尊王攘夷思想を持つようになる。そんな尾高から強い影響を受け、渋沢も尊王攘夷の思想に目覚めることになる。

その後、渋沢は、学問や剣術を修めるとともに家業にも精を出し、一人前の青年へと成長していく。しかし、その間、ペリーが来航し、京を中心に尊王攘夷活動が活発化していく。20歳を過ぎた渋沢青年の心にも尊王攘夷の炎は燃え上がり、やがて抑えることはできなくなる。

1863（文久3）年、渋沢と師である尾高惇忠ら数名は、高崎城※を襲って本拠地とし、横浜港に火を放ち、異人たちを殺害するという過激な攘夷行動を計画する。渋沢は、これらの活動に従事するため、夜を徹して父を説得し、家督を辞することになる。

しかし、この年、八月十八日の政変が起こり、尊王攘夷派は大きな痛手を被る。京都に出奔していた尾高惇忠の弟長七郎は、帰郷して渋沢らに時勢を説き、計画が無謀であることを訴えた。これにより彼らの過激な攘夷行動は未遂に終わったのだが、不穏な動きをしていた渋沢たちは幕府らに目をつけられることになる。官憲により捕縛されるとの情報を得た彼らは故郷を出て逃亡を図る。その時、渋沢は、かつて江戸で知り合っていた一橋家の使用人である平岡円四郎※を頼り、京都へと出奔する。そして、そのまま平岡の伝手で一橋家に仕えることになったのである。

もともと学問にすぐれ、父譲りの商売感覚にも秀でていた彼は、一橋家の家臣としてめきめき頭角を現した。一橋家の財政改革案を建言し、年貢米や木綿の販売、藩札の発行などで功績を残したのである。そしてついには勘定組頭（かんじょうくみがしら）にまで出世を果たすことになり、一橋家当主・慶喜にも認められることになる。時は1866（慶応2）年春のことである。

---

※ 高崎城
現在の群馬県高崎市にあった高崎藩の藩庁。

※ 平岡円四郎
ひらおかえんしろう
（1822～1864）
慶喜に近侍した幕臣。将軍継嗣問題で慶喜擁立を図って失敗し、左遷されていたが、慶喜が将軍後見職になると一橋家家人として表舞台に復帰。一橋家家老となるものの、水戸藩士に奸臣とみなされ暗殺された。

パリ万博に随行した時の渋沢栄一
（国立国会図書館蔵）

## 幕臣となり異国へ

同1866（慶応2）年、14代将軍・家茂が死去し、一橋慶喜が将軍職に就くことになる。こうして一橋家に仕えていた渋沢栄一は、慶喜が将軍となるに従い、そのまま将軍直属の家臣、すなわち幕臣となる。かつて反幕府の思想を掲げ、尊王攘夷活動に従事していた渋沢が、いまやその標的たる幕臣となってしまったのは、皮肉な結果といえようか。

その年の暮れ、渋沢栄一のもとに一風変わった命令が下った。翌1867（慶応3）年にフランス、パリで万国博覧会が開催され、そこに日本国（幕府）も出品することになったという。その時、幕府代表として慶喜の弟・徳川昭武が訪欧する際の随行員に、渋沢が選ばれたのである。またもや渋沢は、かつて「攘夷！」と目の敵にしていた異国人の町を訪れるという皮肉な役廻りを引き受けることになったわけである。

しかし、この旅は、渋沢にとって実に有意義なものであった。1867（慶応3）年1月より旅立った一行は、フランスで皇帝ナポレオン3世※に謁見し、博覧会を成功裏に終了

※ナポレオン3世（1808～1873）フランスの大統領、後に皇帝。短眠で有名なナポレオン・ボナパルトの甥にあたる。無謀な普仏戦争の結果、プロイセン軍の捕虜となり、おまけにパリでクーデターを起こされ釈放後はイギリスに亡命。

させた後、スイス、オランダ、ベルギー、イタリア、イギリスなどを歴訪した。その間、渋沢は西洋の進んだ文明を直接目にし耳にしている。海外の文明は自分の想像を超えていた。日本は積極的に海外に学ばなければならない。渋沢の心は一気に世界に開かれ、青年の頃とはまったく反対の立場で日本を変えることを志向しはじめたのである。

そんな彼らのもとに信じられない報が届いた。江戸幕府瓦解の知らせである。やがて帰国の途に就いた彼らが日本の地を踏んだのは、1868（明治元）年11月。江戸城は無血開城され、箱館を除き、旧幕府軍の抵抗もほぼ終息していた頃であった。

## 新政府官僚としての活躍

帰国後、一旦は徳川家の人々とともに静岡へ下った渋沢であったが、やがて新政府から出仕の要請が届く。商売や財政にも強く、海外事情にも詳しい渋沢のような人材こそ新政府は欲していたのである。一旦は出仕を固辞した渋沢であったが大隈重信の強い説得により、やがて新政府に出仕を決めることになる。

大蔵省租税正（そぜいのかみ）となった渋沢は、税制、金融、貨幣、財政制度の改革、確立に尽力し、その実力を発揮していく。また、殖産興業にも携わり、我が国初の官営工場・富岡製糸場の設立などにも深くかかわっていく。そしてこの官営富岡製糸場の初代工場長となったの

富岡製糸場

広大な富岡製糸場内部の様子（画像：国立国会図書館蔵）

が、渋沢の師、尾高惇忠である。渋沢らはこの官営工場の模範となるべき工場の運営を尾高の双肩に託し、尾高もこれに応えた。富岡製糸場は見事な功績をおさめ、日本の近代化に大きな貢献を果たしたのである。

また、彼は日本の経済を改善するためにはしっかりとした銀行の設立が不可欠と考え、国立銀行の設立に関する条例案を立案するなど大蔵官僚として懸命なる努力を続けていった。しかし、状況は必ずしも追い風ばかりではなかった。

やがて腕利きの官僚である渋沢は、大蔵卿である大久保利通と予算をめぐり対立する。その背景には、大蔵省内にて薩摩藩の勢力が強くなりつつある中で、かつての敵、一橋慶喜の家臣だった渋沢栄一に対する風当たりが、徐々に強まっていったことが影響していたともいわれている。

1873（明治6）年、政府予算の低減を図る財政整理案が政府によって拒絶されたことをきっかけとして、ついに渋沢栄一は、官僚の地位を捨てることになる。思えば、支配階級ではない農民の子として生まれた渋沢栄一は、紆余曲折を経て江戸幕府、続いて明治政府という政権の中枢で働く機会を得て、めきめきと頭角を現していった。そして、再び野に下り、民間の実業家として日本の近代化に尽くすことになったわけである。

彼が最初に行ったことは、国立銀行の設立である。それは、渋沢自身が大蔵官僚時代に立案していたことを実現化させることでもあった。

国立銀行とは、政府発行の不換紙幣の整理と殖産興業資金の供給を目的として設立されたもので、その第一号がこの第一国立銀行※である。この銀行は1873（明治6）年6月、すなわち渋沢が大蔵省を退官した翌月に創立総会が開かれ発足した。三井、小野両家が出資し、渋沢が総監役に就任する。その後、三野村利左衛門の項で触れたように小野組が経営破綻に陥ると、渋沢は頭取に就任。以降、渋沢は第一銀行を母体として、実業界をリードしていくようになる。

## 実業界での活動とその後

それから、渋沢栄一は、信じられないほどの活発な活動を繰り広げていく。前述のとおり、大倉喜八郎らとともに、帝国ホテル、東京瓦斯会社、札幌麦酒会社の創立に携わったほか、王子製紙、大阪紡績、東京海上、日本鉄道など、なんと約500社もの設立に関与した。また、商業会議所、銀行集会所などを設立し、財界の指導者として日本の近代化に貢献したほか貴族院議員にもなり、商法講習所（現在の一橋大学）、東京女学館、日本女子大学校などの開校、運営にも関わっていく。

やがて日本の近代化に大いなる貢献を果たした渋沢栄一は、1916（大正5）年、第

※第一国立銀行
銀行券の発行権はあるもの の、条例に基づいて設立された銀行のことを国立銀行というだけで、国が運営するわけではない。最終的には全国に153の国立銀行が設立された。現在、新潟県にある第四銀行や香川県にある第百十四銀行などはこの条例の名残り。ちなみに、第一銀行は現在のみずほ銀行の前身の一つである。

一銀行頭取を辞任し、実業界から身を退く。77歳であった。

しかし、実業界から身を退いたとしても彼の人生はまだ終わりではなかった。それからも高齢であることをものともせず、精力的に社会、文化事業に身を投じていくのである。日米協会、日本国際連盟協会、日本国際児童親善会、中央盲人福祉協会の創立などに尽力したほか、『論語と算盤』『徳川慶喜公伝』などの執筆にも携わっていく。

１９２３（大正12）年には、首都東京をマグニチュード7・9という巨大な地震が襲う。関東大震災である。この時、事務所で執務中であった渋沢も被災した。しかし、飛鳥山の自邸の被害が少なかったことから、ここを拠点として炊き出し等の罹災者支援を行っている。当年、84歳であった。

その後も精力的に働き続けた彼は１９３１（昭和６）年11月11日、永眠する。同日、勅使および皇后宮、皇太子宮からの遣いが渋沢自邸を訪れたほか、国際連盟協会と東京市の主催により「平和記念日と渋沢子爵追憶の夕」が開催され、日本女子大学校は全校授業を休止としその死を悼んだ。日本資本主義の父と呼ばれた男は、惜しまれつつ、享年92歳でこの世を去ったのである。

19

# 明治の政変と五代友厚

【政局の推移を見極め、大阪の近代化に努めた男】

## 政府内部で起こった対立抗争

明治の代となり、維新の三傑と呼ばれた西郷隆盛、大久保利通、木戸孝允を中心に数々の改革を行ってきた新政府だったが、その内実は一枚岩とは言い難かった。いくつかの政変を経て、政府を去るものなども多かったのだ。

まずは、明治六年の政変である。朝鮮に対する外交政策（征韓論）などをめぐり政府内部の対立が表面化。結果的に、敗れた征韓派の西郷隆盛、板垣退助、後藤象二郎、江藤新平らは政府を去ることになる。

下野した征韓派の人々は、新政府に対する士族等の不満が高まっていたことを背景に、主に二つの方策で反政府の動きを見せていく。一つは「自由民権運動」である。板垣退助らは、薩長など一部の藩の出身者で政治を牛耳っている今の藩閥政治を批判し、広く国民の意見を政治に反映させるべく、主に言論を武器に、国会開設などを求める自由民権運動を展開していったのである。もう一つは士族の反乱と呼ばれる武力闘争の動きである。これについては次項で取り扱うことにしよう。

その後、維新の三傑が相次いで亡くなり、後を受けた伊藤博文や大隈重信らが政府を主導していくのだが、やがて政府が一部の商人に官有物を有利な条件で払い下げた事件（開拓使官有物払下げ事件）が起こると、藩閥政治に対する非難はますます大きくなっていく。そこで伊藤博文ら明治政府は、政府に対する反発を和らげるため、国会開設を約束するとともに、現政府の対応を批判していた大隈重信を失脚させた。これが「明治十四年の政変」である。

このような明治政府内部での対立に対処しながら、実業界で大いに活躍し、特に大阪の近代化に大きな貢献を果たしたのが、五代友厚（ごだいともあつ）である。薩摩藩きっての国際派として活躍した彼は、幕末維新の荒波の中で波乱万丈の生涯を送ったのである。

## 世界を見ていた薩摩藩士

五代友厚は、薩摩藩の儒者・五代直左衛門秀尭（なおざえもんひでたか）の次男である。薩摩藩士の中でも高い格の家に生まれ、幼い頃より利発な少年であったという。彼の幼名「才助」は、その才能を認めた藩主斉彬が名付けたものともいわれている。

彼が14歳の年のこと、父が、藩主より模写を命じられて世界地図を持ち帰ってきたことがあった。その地図を見て、生まれて初めて世界の大きさと日本の小ささを知った五代友厚は、模写の作業を引き受け、２部の世界地図を書き上げた。そして、１部は予定通り藩主に献上しつつ、残った1部を自室の壁に貼りつけた。さらに、地球が球体であることを知った彼は、球状のものにその地図を貼り付けて手製の地球儀を作成したという。その地球儀にはいまだ記されていないような日本の片隅で、幼き五代友厚は、すでにその視野を世界に広げていたのである。

五代友厚

若き頃の薩摩藩士・五代友厚は、その後も世界へと見識を深める機会に何度も恵まれた稀有な侍であったといえよう。まず、20代初めの頃に長崎へと渡り、幕府の設立した海軍伝習所でオランダ人を教師として航海の基礎などを学んでいる。同所で学んだ人々の中には、幕臣の勝海舟や榎本武揚らがいる。

その後、１８６２（文久2）年には、２度

にわたり上海へと渡航する機会を得、藩のために汽船を購入してもいる。この年、2度目に上海へと渡った時には、長州藩士・高杉晋作とも同船している。このようにして、10年以上にわたり長崎という異国情緒あふれる地で過ごした彼は、この地で土佐藩浪士・坂本龍馬やイギリス商人グラバーなどとも交流を重ねている。

さらに、1863（文久3）年、薩摩とイギリスの間で薩英戦争が起こると、五代は、寺島宗則とともにイギリスとの交渉にあたったのだが、逆に捕虜となってしまう。二人は横浜に護送された後、紆余曲折を経て薩摩へと戻ることができたのだが、故郷の人々は、彼らに冷たかった。異国人の捕虜になるとは臆病で潔くないとの評価を得てしまったのである。

しかし、それからしばらくして五代に名誉挽回の機会が訪れる。藩に対し留学生派遣などの富国強兵策を上申した結果、五代自身が留学生を率いてイギリスへと渡海することとなったのである。

1865（慶応元）年、イギリスの地を踏んだ五代は、ベルギーやフランスなどもまわり見聞を広めたほか、現地で船舶、武器、紡績機械などを購入。翌年に帰国して外国貿易などに携わり、薩摩藩の富国強兵策に大きく貢献する。これが倒幕、そして維新への変革を促す大きな力となったことは間違いない。

## 官僚から民間へ

やがて幕府が瓦解し新政府が動き出すと、五代友厚も明治政府に出仕する。そして、1868（明治元）年、外国事務局判事として大阪に赴任するのである。

その頃、大阪の地は地盤沈下の途上にあった。これまで上方（京阪地区）は、天皇のいる日本の中心として機能していたのだが、名実ともに東京が首都となり明治天皇が上京することにより、その機能も徐々に失われていった。また、大阪の地は、かつて各藩からの年貢米が集められ、それを換金するための米市場などが活況を呈し、「天下の台所」と呼ばれていたのだが、明治の代となり藩は解体、年貢は税金へとあらためられ、それに付随する仕事はなくなってしまう。多くの豪商たちが没落し、大阪経済は一気に沈滞していったのである。

その地に降り立った五代は、大阪の復興のためにさまざまな手を尽くす。地元の豪商たちと連携を深め、大阪通商会社・為替会社という貿易・金融機関の設立に尽力したほか、長崎時代に親交のあったグラバーに依頼し、大阪造幣寮（現在の造幣局）新設のために必要な機械の購入を行ったり、さまざまな外交事件を処理したりといった活躍を遂げていく。当初は懐疑的だった大阪の人々も、その手腕を認め、大阪経済復興のためには欠かせない人物として信望を集めていった。

ところが、翌年、五代にとって、いや大阪の人々にとって、青天の霹靂ともいうべきことが起こる。大阪の発展に尽くしてきた五代に、横浜転勤が言い渡されたのである。大阪の人々の間では、五代が大阪に留まることができるよう留任運動も起きたのだが、政府の決定が覆ることはなかった。悩んだ末に五代は、新政府での出世の道を自ら閉ざして下野。一民間人となり、大阪の町の発展に努めることになったのである。

下野するに際し五代は、同じ薩摩藩出身で仲の良かった大久保利通に、こうも告げていた。「政府には人材が揃っているが、民間にはいない。自分は大阪に行って一般の商工業の発展に努力する」

### 大阪の恩人

こうして、官を辞した五代は、ますます精力的にさまざまな事業に取り組んでいった。下野した年に、贋金（にせがね）の分析などを行う金銀分析所を開設。ここで金銀を集めて分析し、金を取出し造幣寮に売ることで、五代は大量の資金を得た。これが後の事業活動の原資となったという。

翌年に天和銅山を開いた彼は、1873（明治6）年に鉱山経営を統括すべく弘成館を創立。その翌年に半田銀山を起こすなど全国26の鉱山を取得する鉱山王となっていく。また、1876（明治9）年には、海外、特にインドの安価な染料に圧倒されていた製藍業を復興させるべく朝陽館という会社を設立。大規模な製藍工場を建設していった。これは、大阪の地における大規模民間工場の先駆けともいわれるものであった。

その他にも大阪の経済を活発にするために、1878（明治11）年、現在の大阪商工会議所の前身である大阪商法会議所を設立。この時、五代は44歳の若さで初代会頭となり、辣腕を振るうことになる。また、同年、住友家とも協力しながら大阪株式取引所（現在の大阪証券取引所）の開業も果たしている。

その他、大阪製銅会社、関西貿易社、共同運輸会社（現在の日本郵船の前身の一つ）、阪堺鉄道会社（現在の南海電気鉄道）、神戸桟橋株式会社、大阪商船株式会社（現在の商船三井の前身の一つ）など多くの企業の設立に関わるなど実業界で大いに活躍したばかりではなく、英和辞書を刊行したり、大阪商業講習所（現在の大阪市立大学）を設立したりと社会、文化の発展にも大いなる足跡を残したのである。

**政治ともかかわり続けた五代**

さらに、五代は、政府を辞し下野したとはいえ、政権運営にも貢献していた。

前述のとおり、明治六年の政変で、維新の三傑の一人である西郷隆盛や板垣退助らが下

五代友厚の盟友・大久保利通

野したのだが、実はその翌年、木戸孝允も政府を離れている。その頃、維新の三傑の中でただ一人残された大久保利通は、自由民権運動の高まりや士族の反乱事件の勃発、台湾出兵問題などの政治課題に追われながら孤立無援の状態に陥り、明治政府は危機的状況に直面していたのである。この時、大久保の窮地を救ったのが、盟友五代友厚であった。

彼は、大久保と、下野した木戸、板垣らが一堂に会する機会をつくるために奔走。その結果、1875（明治8）年1月から2月にかけ、大阪で大久保利通、伊藤博文、木戸孝允、板垣退助らが顔を合わせ「大阪会議」が開かれることとなったのである。

この会議の結果、漸次立憲政体を樹立すること、三権分立体制を確立することなどが決められ、木戸、板垣の政府復帰が実現している。一度は、政変により破綻しかけた明治政府が、再び活気を取り戻すことができたのは、五代友厚の奮闘によるところが大きいのである。この会議が開催されていた頃、大久保は五代邸に宿泊していたという。囲碁仲間でもあった二人は碁盤をはさみながら、日本の未来などについて語り合ったことであろう。

ところが、後に五代はもう一つの政変に関わり、大きなダメージを受けている。前述のように、1881（明治14）年、明治十四年の政変のきっかけとなる開拓使官有物払下げ事件が起こったのだが、この事件に関わった当時の開拓長官が薩摩藩出身の黒田清隆※であり、払下げを受けたのが、なにを隠そう同じ薩摩藩出身の五代友厚らだったのである。それゆえ、単なる癒着事件として当事者が非難されただけではなく、藩閥政治自体が非難の的となり、自由民権運動の高まりや国会開設等に関する政権内部の対立とも絡み、大きな政治事件へと発展していったわけである。

この開拓使官有物払下げ事件で、大いに非難を浴びることになった五代だが、決して彼は私欲のためにこれを行ったのではない。彼は、政府が成し遂げることができなかった北海道開拓を民間人の手で継続しようとしたにすぎないともいわれているのだ。

しかし、この事件が彼に精神的な衝撃を与えたのは事実であろう。その4年後、大阪の恩人と称された大実業家は、51歳の若さで没することになる。私利私欲を求めないどころか、時には私財を投じてまで大阪と、日本の繁栄だけを願って活躍した彼の死後には、100万円の負債が残されたといわれている。

※ 黒田清隆
くろだ きよたか
（1840～1900）
薩摩藩出身の軍人、政治家。幕末期は薩長同盟の実現に尽力。戊辰戦争では北陸戦と箱館戦争で官軍の参謀を務めた。その後は、薩摩閥の重鎮として内閣総理大臣、元老、枢密院議長など数々の要職を歴任した。
（画像：国立国会図書館蔵）

黒田清隆

# 20 士族の反乱と藤田伝三郎

【関西財閥の重鎮となった奇兵隊士】

## 士族の不満がついに爆発！

廃藩置県、徴兵令、四民平等などの明治政府の施策により、これまで支配階級だった武士の特権は失われ、士族らの不満は頂点に達した。そして、多くの士族らは薩摩、長州ら一部の雄藩出身者で占める政府（藩閥政府）に対し、反対の動きを活発化させていく。その一つである自由民権運動は、「明治六年の政変」で下野した板垣退助、後藤象二郎らが「民撰議員設立建白書」を提出したことが契機となり、活動が活発化していく。その後、板垣退助は大阪会議の後、一時政府に復帰するのだが、すぐに意見の違いから再び政府と袂を分かち下野。自由民権運動にまい進することになる。

やがて、明治十四年の政変を経て、国会開設の勅諭が出されると、板垣退助は自由党、大隈重信は立憲改進党を結成。その後、１８８９（明治22）年に大日本帝国憲法が発布

西南戦争を描いた錦絵（『西郷隆盛大軍ヲ引卒シ肥後国熊本城ヲ陥ト安政橋ニ到所城兵モ討テ出両軍於橋上ニ大激戦ニ及之図』国立国会図書館蔵）

され、翌年、第1回選挙の後、帝国議会が開かれる。自由民権運動は、こうして見事に実を結んだといってよい。

逆に華々しい結果を残さなかったのが、もう一つの士族の不満の表れ、すなわち武力による反乱行動であった。その最初の大きなものは、1874（明治7）年、明治六年の政変で下野した江藤新平が中心となって起こした「佐賀の乱」である。

これはわずか2週間で鎮圧されたのだが、その後も熊本で「敬神党の乱※」、福岡で「秋月の乱※」、山口で「萩の乱※」が相次いで勃発する。いずれも数日で鎮圧されたのだが、世間と明治政府に与えた動揺は大きかった。

士族の反乱の最後にして最大のものは、同じく明治六年の政変で下野した維新の三傑の一人・西

※敬神党の乱
けいしんとうのらん
神風連の乱ともいう。明治時代になっても攘夷・鎖国を主張する敬神党は新政府の政策に怒りを抱いていたが、廃刀令で我慢の限界を超え百数十人で挙兵。しかしすぐさま熊本鎮台の兵によって鎮圧された。

※秋月の乱
あきづきのらん
敬神党の乱に呼応して起こされた福岡の秋月藩士による反乱。小倉鎮台によって鎮圧された。

※萩の乱
新政府軍に出仕していた前原一誠が、郷里の不平士族に擁立され起こした反乱。前原は松下村塾で学び、維新後は参議や兵部大輔を務めたが、木戸孝允らと対立して官職を辞退し、萩に帰郷していた。

郷隆盛を中心とした薩摩での反乱である。西郷率いる反乱軍と明治政府軍の戦いは「西南戦争」と呼ばれ、約7カ月もの時が費やされた。この明治政府発足以来の最大の危機に対し、大久保利通は威信をかけて大量の兵士を送り込んだ。その中には、かつて会津戦争で薩摩藩士らと最後まで戦い続け、当時は警察庁警部補となっていた元新撰組三番隊組長・斎藤一の姿などもあった。

1877(明治10)年9月、西郷隆盛が自刃して、士族の反乱は終わりを告げる。これを機会に政局はやや安定へと向かうが、この内乱鎮圧に大きく関わり、明治政府の発展と自身の商いの成長の両方を実現させた商人が、のちの藤田財閥創立者・藤田伝三郎(ふじたでんざぶろう)である。

## 志士として生きる!

藤田伝三郎は、1841(天保12)年、長州藩の萩城下で酒造業を営む藤田半右衛門の四男として生まれている。半右衛門は酒造業のほかに醤油醸造業にも携わっており、武士相手に貸し付けを行う金融業も営んでいた。町人とはいえ、裕福な家に生まれついた伝三郎は、幼い時から十分な教育を受け、16歳になると、赤字に陥っていた醤油醸造の仕事を任されることになる。そして、10代の少年とは思えないほどの商才を発揮して、任された仕事を実直に勤め上げ、わずか3年で経営再建を実現したのである。

その頃、日本は開国問題に揺れており、地元萩では松下村塾を主宰していた吉田松陰が幕府の手にかかり刑死を遂げていた。これまで見てきたとおり、この後、長州藩士たちの多くは尊王攘夷活動を活発に行っていた。そして、若き藤田伝三郎も、成功した商売から身を引き、尊王攘夷活動に身を投じていくのである。

1863（文久3）年、高杉晋作の呼びかけにより、白石正一郎邸で奇兵隊が結成される。武士だけでなく町人でも志さえあれば入隊を許可するというこの組織に感銘を受けた伝三郎は、やがて奇兵隊に入隊することになる。入隊後の彼は、金銭面で隊を支援しつつ、やや年長であった木戸孝允、山縣有朋、井上馨らとも知己となる。この時点で彼らはまだ若き志士であったが、やがて明治の代になると、彼らは皆、新政府の高官として活躍する。それは伝三郎にとって強力な武器になっていくのである。

藤田財閥創立者・藤田伝三郎

ちなみに、伝三郎は、1864（文久4）年に勃発した禁門の変にも従軍している。この時、砲弾が腕を貫通するという大けがを負ってもいるのだ。

## 実業界で活躍する伝三郎

明治となり、多くの奇兵隊の仲間たちが政府に出仕する中、伝三郎は商いに従事することになる。これは、日本の発展のためには経済の発展が重要という木戸孝允の考えに同調したものといわれている。

1869（明治2）年、伝三郎は、長州藩で不要となった武器、弾薬を払い下げてもらい、それを大阪に移送することで財を得た。この時、兵部省に出仕していた昔なじみの長州藩士・山田顕義※の薦めもあり、彼は大阪の地を拠点として軍靴の製造などの軍需産業に携わることになる。

1871（明治4）年から、陸軍は大都市に軍隊を駐在させ、大阪にも大阪鎮台が置かれることになった。その初代司令長官となったのが、四条隆謌（しじょうたかうた）である。公家出身のこの男、実は八月十八日の政変で都落ちした七卿の一人である。当然のことながら、長州藩の人々には好意を持っていた。また、四条の後は、同じ長州藩で奇兵隊出身の鳥尾小弥太（とりおこやた）が大阪鎮台司令長官となっている。

まさにこの頃、佐賀の乱が起こり、山田顕義らが鎮圧に動いていた。同年、台湾出兵と

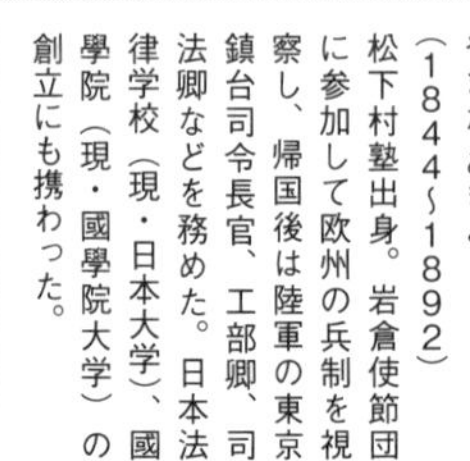
※山田顕義
やまだ　あきよし
（1844〜1892）
松下村塾出身。岩倉使節団に参加して欧州の兵制を視察し、帰国後は陸軍の東京鎮台司令長官、工部卿、司法卿などを務めた。日本法律学校（現・日本大学）、國學院（現・國學院大学）の創立にも携わった。

山田顕義

いう事件も起こり、かつての長州藩士たちの支援を受けながら、伝三郎の事業は順調に推移していく。また、兄の久原庄三郎（くはらしょうざぶろう）と藤田鹿太郎（しかたろう）も、大阪に居を移し、伝三郎の事業を助けることになると、その後も敬神党の乱、秋月の乱、萩の乱といった士族の反乱が相次いだこともあり、彼らの事業は大きな発展を見せていったのである。

伝三郎のように、雄藩出身という立場を活かして大阪で活躍していたのが五代友厚である。彼は同じ薩摩出身の大久保利通と強いつながりを持っていたが、長州出身の伝三郎が特に密接な関係を持っていたのは井上馨であった。

藤田伝三郎と協力関係にあった若き頃の井上馨

### 西南戦争と贋札事件

井上馨と藤田伝三郎は、実に深い仲で結ばれていた。井上は、かつて財政問題で対立して政府を離れ、先収（せんしゅう）会社という貿易会社を設立したことがある。藤田伝三郎もその経営を手伝ったものの、肝心の井上が商売に不慣れであったため、事業は思うようにはいかなかった。やがて1875（明治

8）年、五代友厚の尽力で開かれた大阪会議の結果、政治改革が進められるようになると井上は政界に復帰。先収会社は解散し、東京での事業は三井に引き継がれ、後の三井物産へとつながっていく。

一方、大阪での事業は藤田伝三郎が引き継ぐことになる。同時に井上は、腹心の部下である中野梧一（ごいち）を監査役として伝三郎のもとに送り込んだ。この中野は、かつて幕臣として箱館の五稜郭で新政府と争っていたという経歴を持つ。その後、許されて明治政府に出仕し、井上馨の推挙により山口県令にまでなった人物である。

こうして井上馨と太いパイプを築きながら、確実に事業を発展させていた伝三郎に一大転機が訪れる。1877（明治10）年、西南戦争の勃発である。

もともと軍靴を中心として事業を営んでいた伝三郎であったが、この時は、靴だけでなく、被服や兵糧などの調達も請け負った。また、物資の調達のみならず、軍用夫や人夫の手配も行い、これが大きな成功を収めていった。西南戦争における物資の輸送等で巨利を得たのは、東は岩崎弥太郎、西は藤田伝三郎ともっぱら噂になったという。

こうして伝三郎らが軍需物資の提供等を行うことで、士族の反乱は無事鎮圧され、内乱の時代は終わりを告げた。翌1878（明治11）年には、五代友厚が中心となって大阪商法会議所が設立されるのだが、その際、中野梧一とともに設立儀願書に連署するなど伝三郎も積極的にこれに関わり、大阪財界の確立に力を尽くしたのである。

ところが、翌年、そんな伝三郎に思いもかけぬところから火の粉が降りかかった。偽札使用の嫌疑がかけられ、逮捕、拘留されてしまったのである。

この「藤田組贋札（がんさつ）事件」は、井上馨が海外で作った精巧な偽札を伝三郎が受け取り使用したという疑惑であり、なんと元社員の告発によって発覚するというセンセーショナルなものであった。伝三郎以下、中野梧一や実兄の鹿太郎らも捕らえられ、家宅捜索を受けるという大規模な捜査が行われたのだが、結局、一枚の偽札も、わずかな証拠も見つからなかった。実は、この事件、会社から解雇された元社員が、腹いせのために行った狂言がきっかけで起こった冤罪だったといわれているのだ。

西南戦争で自刃を遂げた西郷隆盛
（国立国会図書館蔵）

とはいえ、この事件の裏には、西南戦争で西郷を、暗殺で大久保利通を失い、勢力に衰えが見えはじめた薩摩藩の人間が、ライバル長州を貶めようと、この狂言を利用したという側面もあったらしい。

さらには、西南戦争で安い賃金で働かさ

れた人夫たちが、彼らのおかげで巨利を得た伝三郎たちに対し逆恨みをしていたことなどもあって世間の反感が増大されてしまい、一大疑獄事件へと発展したのだともいわれている。逆にいえば、井上、伝三郎ラインの事業は、多くの人から怨嗟の思いで見つめられるほどの大成功を遂げていたということでもある。

**新しい日本をつくった伝三郎**

1881（明治14）年、実兄鹿太郎、久原庄三郎との共同出資で藤田組を設立した伝三郎は、相前後して軍需産業以外にも手広く事業を展開する。中核となったのは土木請負業と鉱山業である。

また、伝三郎は、1882（明治15）年、渋沢栄一の主導により設立された大阪紡績会社の頭取ともなる。これ以降、同社の大株主・大倉喜八郎とも深い関係を築き、共同して土木建設事業に当たるようになる。両者は提携して日本土木会社を設立。資本金200万のうち90万を伝三郎、80万を大倉、20万を渋沢が拠出。社長に大倉、取締役に伝三郎が就任し、鉄道、運河のほか日本銀行、大阪裁判所、歌舞伎座、帝国ホテルなど数々の建築物を作り上げていく。

幕末維新の混乱期に軍需品を売りさばくことで巨利を挙げ、古い秩序を破壊することに協力していった二人の豪商は、その後、平和の世が訪れると、連携して新しい日本の国土を建設していったわけである。

1885（明治18）年、五代友厚の死後、大阪商法会議所会頭にもなった伝三郎は、1911（明治44）年には男爵を授けられ、翌年、この世を去っている。

実業家として名を成した伝三郎であったが、半面、書画骨董にも造詣が深く、多くの美術品等を収集していた。彼は、単に個人の趣味でこれらを集めていたのではなく、新しい時代の訪れにより、廃棄されたり海外へ流出したりする美術品が多いことを嘆き、その散逸を防ぐために私財を投じてこれを収集したのだという。政治的な変革に積極的に関わりながら、そのために失われつつあった日本の文化を守るためにも多大なる貢献を果たしていたというわけである。嫡子平太郎とともに集めたそのコレクションには国宝、重要文化財に指定されているものも多く、現在は旧藤田邸に建てられた藤田美術館に所蔵されている。

## おわりに

異国船の来航からはじまった尊王攘夷の風潮は、やがて倒幕へと移り変わり、世は一挙に明治維新へと向かった。その間、多くの争いがあり、吉田松陰、久坂玄瑞、坂本龍馬、高杉晋作ら多くの志士たちが、命がけで自らの信じる道をひた走った。また、明治の代となってからも、元新撰組副長・土方歳三や維新の三傑の一人・西郷隆盛らは、時代の趨勢に抗うことができず無念の最期を遂げていった。ほんの150年ほど前の日本は、このような実に熱い時代だったのである。

この激動の時代に、大きな影響を与え、あるいは多大なる影響を受けながら、力強く生き抜いたのが、「豪商」「政商」と呼ばれる人々であった。彼らは、それぞれの立場とそれぞれの想いを胸に、さまざまな形で幕末・維新という時代と深い関わりを築いてきた。

志士たちに勝るとも劣らぬ真摯さで尊王攘夷活動に励んだ近藤茂左衛門や白石正一郎。時代の変化に積極的に関わりながら暖簾を守り抜いた伊藤次郎左衛門や鴻池善右衛門。激動の時代に商機を見出し、新たなる大商家を築き上げた伊藤忠兵衛や大倉喜八郎。武士として幕末を生き、後に近代日本の経済を支えることとなった渋沢栄一や五代友厚。

その他多くの豪商、政商たちが、この幕末・維新の時代を駆け抜けていったのである。そして、志士たちだけではなく、熱い時代を駆け抜けた彼らの活躍があってこそ、日本が新しい夜明けを迎えられたということは、ここまで読んでいただいた読者諸兄であれば得心いただけることであろう。

本書をお読みいただいたことで、幕末・維新の時代、とりわけその時代を生きた庶民らの暮らしぶり、あるいはその知力や胆力で後世に名を遺した豪商たちに関する興味、関心等がより深まっていただけたのであれば、まさに著者として比類なき喜びである。

末筆ながら、本書執筆の機会を与えていただき、また、『豪商たちがつくった幕末・維新』というタイトルをつけてくださったほか、細部にわたりご指導、ご鞭撻をいただいた名畑諒平氏をはじめとした彩図社編集部の方々に厚く御礼申し上げる。

２０１６年５月　福田智弘

## 参考文献

【豪商関係】河合敦『豪商列伝　なぜ彼らは一代で成り上がれたのか』PHP研究所／宮本又次『大阪商人』講談社　講談社学術文庫／邦光史郎『豪商物語』博文館新社／宮本又郎『企業家たちの幕末維新』メディアファクトリー　メディアファクトリー新書／平田雅彦『ドラッカーに先駆けた江戸商人の思想』日経BP社／桐山勝『豪商と江戸しぐさ　成功するリーダー列伝』MOKU出版／童門冬二『徳川三百年を支えた豪商の「才覚」』KADOKAWA　角川SSC新書／神戸市編『神戸市史　別録一　近世人物列傳』／生田美智子『カムチャッカの高田屋嘉兵衛』（論文）／稲むらの火の館・濱口梧陵記念館・津波防災教育センター刊『義勇奉公の章でたどる　濱口梧陵の生涯』／稲むらの火の館・濱口梧陵記念館・津波防災教育センター刊『濱口梧陵小傳』／白鶴酒造株式会社社史編纂室編『白鶴二百三十年の歩み』／百貨店日日新聞社『大松坂屋の全貌』百貨店日日新聞社／松本市編『松本市史第二巻歴史編Ⅱ』／岩崎英重編『維新日乗纂輯第一（白石正一郎日記）』日本史籍協会／山口県県外広報誌『きらら山口』／浜崎太平次顕彰会編纂『浜崎太平次伝』／井上勝也『山本覚馬と新島襄』（論文）／廣山謙介『近世鴻池年表』（論文）／村田誠治『神戸開港三十年史』神戸市開港三十年記念会／大阪毎日新聞社京都支局編『維新の史跡』星野書店／『男の隠れ家』２０１４年12月号／滋賀県犬上郡教育会郷土史編纂委員会編『滋賀県犬上郡郷土史読本』晃文社／帝国興信所日報部編『財閥研究第２輯』帝国興信所／大倉喜八郎述・菊池暁汀編『致富の鍵』丸山舍書籍部／日本放送協会大阪中央放送局編『大大阪を培うた人々』日本放送出版協会

【幕末関係】山村竜也『目からウロコの幕末維新』PHP研究所　PHP文庫／成美堂出版編集部編『一冊でわかるイラストでわかる図解幕末・維新』成美堂出版／歴史雑学BOOK『幕末・維新年表』綜合図書／池田敬正『坂本龍馬』中央公論新社　中公新書／加来耕三『坂本龍馬　本当は何を考え、どう生きたか?』実業之日本社　じっぴコンパクト新書／全国歴史教育研究協議会『日本史B用語集』山川出版社／五味文彦・鳥海靖編『もういちど読む山川日本史』山川出版社／笹山晴生・五味文彦・吉田伸之・鳥海靖編『詳説日本史史料集』山川出版社／詳説日本史図録編集委員会『山川　詳説日本史図録』山川出版社

【その他】今泉忠義訳注『改訂　徒然草』角川書店　角川ソフィア文庫

## 参考ホームページ

渋沢社史データベース／コトバンク（大辞林・日本大百科全書・朝日日本歴史人物事典等）／新聞社（日本経済新聞・産経新聞・南日本新聞等）／出版社（ダイヤモンド等）／大学（京都薬科大学・長崎総合科学大学・同志社大学・東京経済大学等）／企業・団体（大丸松坂屋・高島屋・三菱グループ・キリンホールディングス・伊藤忠商事・三井広報委員会・大成建設・渋沢栄一記念財団等）／国・自治体・公共機関（内閣府・兵庫区役所・神戸市文書館・長崎市公式観光サイト「あっ!とながさき」・函館市公式観光情報サイト「はこぶら」・京都市・大阪商工会議所等）／博物館・美術館等（高田屋顕彰館・歴史文化資料館・指宿市考古博物館・てんびんの里東近江市近江商人博物館・富岡製糸場・藤田美術館等）

著者略歴

福田 智弘（ふくだ ともひろ）
1965年埼玉県生まれ。
1989年東京都立大学（現・首都大学東京）人文学部卒業。編集・デザインディレクターを経て、現在、国内外の歴史、古典文学関連を中心に、精力的に執筆活動を行なう作家として活躍中。主な著書に、ベストセラー『世界史もわかる日本史』、『世界史もわかる日本史［近現代編］』、『世界史もわかる日本史［人物編］』、『世界が驚いたニッポンの芸術　浮世絵の謎』、『古代史　闇に隠された15の「謎」を解く』、『裏も表もわかる日本史［江戸時代編］』、『教科書では読めない古文』（以上、じっぴコンパクト新書　実業之日本社）、『ビジネスに使える「文学の言葉」』（ダイヤモンド社）ほかがある。

# 豪商たちがつくった幕末・維新

平成28年6月23日 第1刷

著　者　福田智弘

発行人　山田有司

発行所　株式会社　彩図社
東京都豊島区南大塚3-24-4
MTビル　〒170-0005
TEL：03-5985-8213　FAX：03-5985-8224

印刷所　シナノ印刷株式会社

URL http://www.saiz.co.jp Twitter https://twitter.com/saiz_sha


ISBN978-4-8013-0148-1 C0021